Mit dem »who is who?« führender CDU/CSU-Politiker und -Sympathisanten liefert Bernt Engelmann Informationen, die für die künftige Beurteilung der Parolen und Personen der Unionspolitik unverzichtbar sind. »Wer ist . . .?« – diese Frage stellt Engelmann achtmal: bei Helmut Kohl, Siegfried Zoglmann, Hanns Martin Schleyer, Kurt Biedenkopf, Fritz Ries, Eberhard Taubert, Artur Missbach und Franz Josef Strauß. Die Antworten sind aufschlußreich und beunruhigend.
Mit einer Fülle von gründlich recherchiertem Beweismaterial weist Engelmann nach, daß die politische Geschichte dieser Personen in den meisten Fällen bis in die Nazizeit zurückreicht (wobei er u. a. auch die Geschichte des vieldiskutierten Wahlkampfslogans »Freiheit oder [statt] Sozialismus« aufrollt). Überraschend auch der Blick hinter die Parteikulissen, der die hier vorgestellte »Prominenz« nicht nur als Parteifreunde zeigt, sondern als eine Machtgruppe, deren Mitglieder durch ein Geflecht ideologischer wie fast immer auch geschäftlicher Interessen miteinander verbunden sind. Sie bestimmen maßgeblich die Politik der Unionsparteien mit.
Wird sich Helmut Kohl, der Protegé von Fritz Ries, der »Grauen Eminenz« dieser Hintergrundpolitik, von diesem Einfluß distanzieren können? Diese Frage stellt sich mit Nachdruck nach der Lektüre dieses Buchs.

Dem Presseausschuß Demokratische Initiative (PDI) gehören an:

Horst Bingel
Günter Bröhl
Peter Chotjewitz
Ingeborg Drewitz
Elisabeth Endres
Bernt Engelmann
Annemarie Fabian
Walter Fabian
Martin Gregor-Dellin
Max von der Grün
Horst Herrmann
Richard Hey
Kurt Hirsch
Friedrich Hitzer
Walter Jens
Robert Jungk
Hermann Kesten
Franz Xaver Kroetz
Siegfried Lenz
Egon Lutz
Angelika Mechtel
Josef Reding
Peter Riemer
Luise Rinser
Erika Runge
Johannes M. Simmel
Ulrich Sonnemann
Ingrid Schuster
Günter Wallraff
Martin Walser
Gerhard Weber
Jochen Willke
Gerhard Zwerenz

Schwarzbuch: Strauß, Kohl & Co.

herausgegeben vom Presseausschuß
Demokratische Initiative (PDI)
unter Mitarbeit von
Bernt Engelmann

Kiepenheuer & Witsch

Schutzumschlag Hannes Jähn
ISBN 3 462 01160 X

Inhalt

1 Was steht auf dem Spiel?

Als 1974/75 das weltweite Konjunkturtief mit seinen Ausläufern auch die Bundesrepublik streifte und uns anstatt gewohnter Überbeschäftigung und sprunghaft steigendem Lebensstandard erstmals wieder seit 1966 eine Flaute bescherte, da witterten die CDU/CSU-Politiker und ihre Hintermänner Morgenluft: Parteifreund Trend und Parteifreundin Krise meinten es anscheinend gut mit den Unionsparteien. Bis zum April 1976 sorgten sie jedenfalls für Entlassungen, Kurzarbeit, verminderte Einkommen und vermehrte Ängste. Dies wiederum wirkte sich noch im April 1976 für die Union in Baden-Württemberg so günstig aus, daß sich CDU und CSU schon auf die Machtübernahme in Bonn vorzubereiten begannen.
Seitdem zanken sich die führenden Männer der Union und deren jeweiliges Gefolge bereits um die Ministersessel, während sich die Konjunktur wieder kräftig belebt und die Arbeitslosigkeit stark vermindert hat.
Doch die endgültige Entscheidung darüber, wer die Bundesrepublik künftig, bis zum Beginn der 80er Jahre, regieren soll, werden die Wähler erst am 3. Oktober 1976 fällen. Bis dahin haben sie noch etwas Zeit zum Nachden-

ken, wobei – zumal für die Jungwähler, die dann zum erstenmal ihre Stimme abgeben werden – im Grunde nur eine Frage zu entscheiden ist: *Bieten die Unionsparteien wirklich eine annehmbare Alternative zur Politik der jetzigen sozialliberalen Koalition?*
Auf diese Frage müssen die Wähler eine klare Antwort finden, denn vom Ausgang der kommenden Bundestagswahl wird sehr viel abhängen, nicht allein für unser Land und für jeden einzelnen Bürger, sondern auch für unsere Nachbarn und Partner, für die weitere internationale Wirtschafts- und Entspannungspolitik und damit letztlich für das Allerwichtigste: *für die verstärkte Sicherung des Friedens!*
Denn für die Großwetterlage in der Weltpolitik ist es – das sei hier einmal ganz sachlich und ohne jede Überheblichkeit festgestellt – keineswegs gleichgültig, wer in Bonn regiert: SPD und FDP unter Bundeskanzler Helmut Schmidt oder die CDU/CSU mit Kohl als Kanzler und einem die Richtlinien der Politik bestimmenden Franz Josef Strauß.
Immerhin ist die Bundesrepublik die nach den USA stärkste Industrie-, Finanz-, Handels- und Militärmacht des westlichen Bündnisses, und unser Land liegt zudem an einer strategisch hochempfindlichen Grenze und im Zentrum des weltpolitisch wichtigsten Spannungsfeldes. Hinzu kommt die gefahrvolle Insellage West-Berlins. Schon diese Gegebenheiten lassen deutlich erkennen, wie überaus wichtig es für den Weltfrieden ist, *wer* in Bonn die Schalthebel bedient, wieviel ehrlicher Wille zur Friedenssicherung und zum Abbau gefährlicher Spannungen dort vorausgesetzt werden kann und welche Tö-

ne vom Bundeskanzler und seinen Ministern angeschlagen werden. Allein mit säbelrasselnder ›Politik der Stärke‹ und mit den Parolen des Kalten Kriegs der 50er Jahre ist in der veränderten Welt des ausgehenden 20. Jahrhunderts keine vernünftige Politik mehr zu machen. Zwei Weltkriege, die in den letzten sechzig Jahren, von Deutschland ausgehend, zu internationalen Katastrophen führten, sind bei unseren Nachbarn in Ost *und* West noch deutlich in Erinnerung, und man sollte dies auch bei uns nicht einfach vergessen.

Beinahe ebenso wichtig wie die Friedenssicherung ist für uns selbst, aber auch für die übrige Welt, die *Stabilität* unserer Wirtschaft. Ihr Niedergang, Verfall oder gar Zusammenbruch würde sich auf die meisten Industrie- und Entwicklungsländer katastrophal auswirken. Schon ein Abbröckeln der als »Fels in der Brandung« gepriesenen und zu einer internationalen Leitwährung gewordenen DMark wäre verhängnisvoll. Daher ist es zur Erhaltung des *weltweiten Vertrauens* in unsere Wirtschaftskraft ebenfalls von größter Bedeutung, *wer* in Bonn den Kurs steuert, wie er sich in Krisenzeiten verhält und ob er einen den sozialen Frieden im Lande langfristig sichernden Interessenausgleich betreibt, der die Millionen Lohn- und Gehaltsempfänger absichert und nicht zu kurz kommen läßt. Eine besonnene, verantwortungsbewußte und sozial eingestellte Regierungsmannschaft bietet erheblich mehr Gewähr für wirtschaftliche – und damit auch politische – Stabilität als jene Politiker, die aus eigensüchtigen oder auch konzernfreundlichen Motiven auf die natürliche Krisenangst der Bevölkerung setzen, ja, diese noch zu schüren und bis zur Hysterie zu steigern versuchen. Denn Krisen können auch herbeigeredet werden. Schließlich stehen bei den kommenden Bundestagswahlen, neben der Sicherung des Friedens und der Stabilität, auch die Wahrung und der weitere Ausbau unserer sozialen Errungenschaften und demokratischen Freiheiten auf dem Spiel. Nur diejenige Führung in Bonn verdient unser Vertrauen, die garantiert, daß sie nicht beim ersten Konjunkturtief mit dem Abbau des sozialen Besitzstands beginnen und alle Lasten allein der Arbeitnehmerschaft aufbürden wird. Und nur wer als Politiker nicht mit neuem Faschismus liebäugelt und mit alten Nazis paktiert, kann unseren und erst recht den verständlichen Argwohn aller Nachbarn überwinden, denen die Greuel der Hitler-Diktatur unauslöschlich in Erinnerung sind.

Nach diesen wichtigsten Maßstäben muß sich die Beurteilung der am 3. Oktober 1976 zur Entscheidung stehenden Frage richten, ob die CDU/CSU eine annehmbare Alternative zur Politik der sozialliberalen Koalition unter Bundeskanzler Helmut Schmidt anzubieten hat – oder nur Schlagworte wie *»Freiheit oder Sozialismus«*. Zu diesem fehlende Argumente ersetzenden Wahlkampf-Slogan der Union bemerkte die gewiß nicht linkslastige international angesehene »Süddeutsche Zeitung«: *»Eine Schein-Alternative dieses Kalibers muß wie eine Aufforderung wirken, auf unterscheidendes Denken zu verzichten . . .«*

Indessen läßt sich – und das ist gut so – mit Schlagworten allein kein Wahlkampf gewinnen. Im Vordergrund stehen Personalentscheidungen, denn – um nochmals die »Süddeutsche Zeitung« zu zitieren – *»eine Person ist*

allemal konkreter als ein Programm«. Anders ausgedrückt: Da Politik von Menschen gemacht wird, lassen sich die um die Macht im Staat ringenden Parteien nicht ohne Ansehen der Personen beurteilen. Die Antwort auf die Frage, ob eine CDU/CSU-Regierung in Bonn eine annehmbare Alternative zur sozialliberalen Koalition unter Bundeskanzler Helmut Schmidt darstellt, ist deshalb auch in starkem Maße abhängig davon, *wie integer, unkorrumpiert, ehrlich, besonnen, uneigennützig, sachverständig und frei von gefährlichen Verstrickungen politischer, wirtschaftlicher oder auch anderer, sogar privater Art* diejenigen sind, die im Fall eines Wahlsiegs der Unionsparteien die Macht in Bonn übernehmen sollen.
Wir werden also in dieser Dokumentation die CDU/CSU nicht allein danach zu beurteilen haben, welche Gewähr sie für die Weiterführung der Friedens- und Entspannungspolitik sowie für die Sicherung der wirtschaftlichen Stabilität, des sozialen Besitzstands und der demokratischen Freiheiten bietet. Wir werden vielmehr auch untersuchen, wer die Leute sind, die im Fall eines Machtwechsels als die Vertrauensmänner der CDU/CSU die höchsten Staatsämter übernehmen sollen und ob sie den genannten Voraussetzungen entsprechen.
Und hier nun stoßen wir auf die erste, uns nachdenklich stimmende Hürde: Es gibt nämlich bisher noch gar keine offizielle Führungsmannschaft der CDU/CSU! Zwar hat der Kanzlerkandidat der Unionsparteien, Helmut Kohl, schon im Herbst 1975 eine »baldige« Benennung dessen versprochen, was man »Schattenkabinett« nennt. Sodann wurde die Aufstellung der Führungsmannschaft und die zukünftige Verteilung der Ministerposten im Fall

eines Wahlsiegs der Unionsparteien auf die Zeit nach der Weihnachtspause, also auf Mitte Januar 1976, verschoben. Am 16. Februar 1976 erklärte Helmut Kohl dann im Deutschlandfunk: *»Ich habe gesagt – und dabei bleibt es –, daß ich im Mai die Regierungsmannschaft vorstellen werde, und zwar komplett . . . Ich halte mich an das mir selbst gegebene Wort. Im Mai werde ich die Vorstellung der Regierungsmannschaft vornehmen!«* Doch auch der Monat Mai und der Wahlkampfparteitag der CDU in Hannover vergingen, ohne daß Helmut Kohl auch nur andeutungsweise zu erkennen gegeben hätte, wer in einem von ihm geführten Bundeskabinett für die einzelnen Ressorts als Minister vorgesehen wäre. Und inzwischen ist der Wahlsonntag noch weit näher gerückt, ohne daß die bundesdeutsche Öffentlichkeit bisher erfahren hat, wie Helmut Kohls Minister heißen sollen.
So müssen wir uns denn selbst eine CDU/CSU-Führungsmannschaft vorzustellen versuchen, bestehend aus allen denen, die von seiten der Unionsparteien, mal hier, mal dort, ins Gespräch gebracht worden sind (sowie auch einigen, von denen man vorsichtshalber bisher nicht spricht). Auf den ersten Blick wirken diese möglichen Kandidaten wie Helmut Kohl selbst: recht treu und bieder, von der einen oder anderen Ausnahme abgesehen. Wir werden sie uns jedoch etwas genauer unter die Lupe nehmen und auch ihren Freundeskreis mit einbeziehen in unsere Untersuchung. Denn auch und gerade an ihrem Umgang erkennt man die Menschen.
Es wird dann möglicherweise schwer zu sagen sein, was am meisten *gegen* die Unionsparteien spricht: ihre negative Einstellung zur Politik der Friedenssicherung, Ent-

spannung und Aussöhnung; ihr mindestens teilweise verantwortungsloses Verhalten in Krisensituationen; ihr aufgrund der Äußerungen maßgebender Unionspolitiker voraussehbarer Umgang mit unserem sozialen Besitzstand und mit der immer noch recht jungen Demokratie in unserem Land, dazu ihr Wahlkampfstil, ihr Mangel an echten Alternativen, ihre Geringschätzung der Intelligenz des Wählers und ihre Bedenkenlosigkeit in der Auswahl von Bundesgenossen – oder die personelle Besetzung ihrer Führungspositionen. Denn: die maßgebenden Unionspolitiker mögen mancherlei Qualitäten haben, nur nicht, wie wir sehen werden, die richtigen für die Leitung unserer Staatsgeschäfte und für den Umgang mit den Instrumenten der Friedenssicherung und die Wahrung von Stabilität und sozialem Besitzstand!
Wer daran zweifelt, der sehe sie sich, samt ihren engsten Freunden, der Reihe nach genau an und vergleiche ihre Parolen mit dem, was dabei von ihren wahren politischen Absichten erkennbar wird.

2 Wer ist Helmut Kohl?

Aus der Schar führender Unionspolitiker ragt seit 1975 einer deutlich heraus, und dies nicht nur wegen seiner Körpergröße von 1,93 Meter, sondern auch, weil er Parteivorsitzender der Christdemokraten und gemeinsamer Kanzlerkandidat von CDU und CSU ist, außerdem Ministerpräsident des 3,7 Millionen Einwohner zählenden Bundeslands Rheinland-Pfalz.

Wer ist dieser Helmut Kohl, den noch vor einigen Jahren außerhalb seines engeren Wirkungsbereichs kaum jemand kannte und der nach dem Willen der Unionsparteien im Herbst 1976 Helmut Schmidt als Bundeskanzler ablösen soll?

»KOHL, Helmut, Dr. phil., kaufmännischer Angestellter, Mitglied des Landtags von Rheinland-Pfalz (seit 1959), wohnhaft in Ludwigshafen/Rh.; geboren am 3. April 1930 in Ludwigshafen; katholisch; Ausbildung: Oberrealschule Ludwigshafen/Rh., Universitäten Frankfurt/Main und Heidelberg (Rechts- und Staatswissenschaften, Geschichte), Promotion 1958. Mitbegründer (1947) und (seit 1954) stellvertretender Landesvorsitzender der Jungen Union in Rheinland-Pfalz; Kreis-

vorsitzender (seit 1958) der CDU in Ludwigshafen/Rh.; Mitglied des Landesvorstands der CDU in Rheinland-Pfalz; Mitglied des Stadtrats (Fraktionsvorsitz CDU) von Ludwigshafen/Rh.«

So lautet eine ältere, auf Kohls eigenen Angaben beruhende Eintragung in »*Wer ist wer?*«, und man kann daraus einiges, wenn auch nicht gerade viel entnehmen: Da wurde offenbar eine provinzielle Parteikarriere mit Ausgangspunkt und Hausmachtzentrum im rund 180000 Einwohner zählenden, wirtschaftlich von der BASF beherrschten und von der SPD regierten Ludwigshafen zielstrebig schon 1947 von einem damals 17jährigen Oberrealschüler begonnen und während eines Studiums fortgesetzt, das erst neun Jahre nach dem Abitur und dann nicht, wie zunächst beabsichtigt, mit dem Dr. jur. und der Großen juristischen Staatsprüfung, sondern mit dem Dr. phil. seinen Abschluß fand.

Aber wer fragt schon danach, ob und wann ein Politiker einen Doktorgrad erworben hat oder gar welchen? Nicht einmal Kohls autorisierter Biograph Karl Günter Simon, der dem heutigen Kanzlerkandidaten der Unionsparteien in einem 1969 erschienenen Werk mit dem Titel »Die Kronprinzen« immerhin schon ein knappes Dutzend Seiten gewidmet hat.

Simons Bericht ist zu entnehmen, daß Helmut Kohl aus »schwarzem Elternhaus«, aus einer kleinbürgerlichen Beamtenfamilie, stammt; daß der kräftige, hochgewachsene junge Mann bereits als Oberprimaner im Bundestagswahlkampf des Jahres 1949 für die CDU als Redner aufgetreten ist (und zwar keineswegs so sanft und zurückhaltend, wie er sich heute gibt); daß er dann

»langsam, Schritt für Schritt« Karriere machte und doch, »weil er nicht stolperte« wie die anderen, »immer der Schnellste« war:
Mit 25 Jahren schon Mitglied des rheinland-pfälzischen Landesvorstands der CDU, mit 28 ihr Kreisvorsitzender in Ludwigshafen und jüngster Landtagsabgeordneter im Mainzer Parlament, mit 34 bereits im CDU-*Bundes*vorstand, mit 36 Landesvorsitzender seiner Partei und schließlich mit erst 39 Jahren Ministerpräsident von Rheinland-Pfalz.
Während dieses raschen Aufstiegs blieb Helmut Kohl noch die Zeit, sich als kaufmännischer Angestellter der Miederwarenfabrik ›Felina‹ in Mannheim sowie bei der BASF etwas Geld zu verdienen und zum Abschluß seines Studiums eine Doktorarbeit über »Das Wiedererstarken der Parteien nach dem Zusammenbruch« zu schreiben. Sodann konnte er, nachdem er sich als Berufspolitiker etabliert hatte, seine Verlobte, eine Ludwigshafenerin, heiraten und wurde in den folgenden Jahren Vater zweier Söhne, Walter und Peter, sowie Besitzer eines Häuschens in Ludwigshafen-Gartenstadt.

Auch dieser – von Helmut Kohl genehmigten – Skizze seines Werdegangs, die in Karl Günter Simons Buch ›Die Kronprinzen‹ nachzulesen ist, läßt sich absolut nichts darüber entnehmen, welchen besonderen Eigenschaften der nunmehrige Kanzlerkandidat der Unionsparteien seine steile Parteikarriere eigentlich zu verdanken hat; welche inner- oder auch außerparteilichen Förderer dem aufstrebenden Nachwuchspolitiker und jetzigen Parteichef Helmut Kohl zur Seite gestanden haben (und viel-

leicht noch immer stehen), und ob es irgendwelche starken politischen, wirtschaftlichen oder privaten Einflüsse gibt, denen ein als Bundeskanzler für die Bonner Politik verantwortlicher Helmut Kohl ausgesetzt wäre, falls die Unionsparteien die Bundestagswahl am 3. Oktober 1976 gewinnen und die Macht übernehmen sollten.
Da solche Informationen aber für jeden Wähler äußerst wichtig sind, müssen wir uns mit diesen Fragen etwas eingehender beschäftigen. Man möchte schließlich wissen, mit wem man es eigentlich zu tun hat, und erst recht, mit wem man es zu tun bekäme, sollte Helmut Kohl im Spätherbst 1976 wirklich an die Spitze unseres Staatsapparats gelangen.

Die besonderen – positiven wie negativen – Eigenschaften des CDU/CSU-Kanzlerkandidaten Kohl haben am treffendsten einige führende Unionspolitiker beschrieben. Auch gibt es ein interessantes Psychogramm, das im Februar 1976 in der politisch neutralen, populärwissenschaftlichen Zeitschrift ›Warum‹ erschienen ist. Doch zunächst wollen wir Kohls Parteifreunde zu Wort kommen lassen.
Der frühere Bundesminister Hermann Höcherl (CSU), über Helmut Kohl befragt, meinte lächelnd: *»Also, ich möchte schon sagen, daß Kohl einen soliden Eindruck macht ... Na ja, der intellektuelle Überflieger ist er nicht.«* In anderen Worten: ›Er wirkt doch ganz gut – oder?‹ Und: ›Nun ja, er ist geistig nicht allzu rege, aber das macht er wett durch unermüdliches Streben.‹ Auf dem CDU-Bundesparteitag, der im Mai 1976 in Hanno-

ver stattfand und den Wahlkampf einläuten sollte, wurde Helmut Kohls große Rede allgemein für mißlungen gehalten. *»So einig war sich die Union selten«*, berichtete ›Der Spiegel‹ am 31. Mai. *»Rechte und Linke, Reformisten und Konservative empfanden die rhetorischen Leistungen ihres Kanzlerkandidaten und Parteivorsitzenden auf dem Wahlkonvent in Hannover gleichermaßen negativ. Rechtsaußen Alfred Dregger spöttisch: ›Jeder muß in der Weise reden, in der es ihm gegeben ist.‹«* Und der neue niedersächsische Ministerpräsident Ernst Albrecht meinte düster: *»Er ist eben der Helmut Kohl, der er ist; er ist kein Volkstribun.«* Als Helmut Kohl dann in seinem Schlußwort an den Parteitag ausrief: *»Jetzt treten wir mit der Gewißheit an, daß wir das Fundament für den Sieg am 3. Oktober geschaffen haben«*, da rührte sich keine Hand zum Applaus. Ein Delegierter flüsterte, weithin hörbar, seinem Nachbarn zu: *»Das ist ein Schwarzer Riese – aber aus nasser Pappe ...«* Doch ob es Helmut Kohl wirklich so sehr an Energie und Standvermögen mangelt, wie viele glauben, muß aus mancherlei Gründen bezweifelt werden.

So heißt es dazu in dem bereits erwähnten Psychogramm: *»Tatsächlich entspricht das weiche Image, das Kohl der Öffentlichkeit zeigt, nicht seiner Mentalität ... Kohl ist der Mann ... der Widerspruch nicht duldet und der von Kompromissen nichts hält. Kohl ähnelt Strauß mehr, als das Wahlvolk meint ...«* Und daß gerade diese letzte Feststellung zutrifft, dafür gibt es eine ganze Reihe von Bestätigungen, teils von Freunden und Gönnern Kohls, teils von seinen langjährigen ärgsten Gegnern.

Um mit einem politischen Kontrahenten anzufangen:

Der Ludwigshafener SPD-Oberbürgermeister und Volljurist Dr. Werner Ludwig beklagte an Helmut Kohl vor allem dessen *»schlechte Manieren«* und charakterisierte ihn als einen *»ungehobelten, schrecklichen Menschen«*. Man könnte dies achselzuckend als feindselige Äußerung eines kommunalpolitischen Gegners abtun, gäbe es nicht fast wörtlich gleichlautende Urteile über Helmut Kohl, die nicht von Widersachern, sondern von seinen engsten Freunden und Förderern stammen, und Kohl selbst gibt mitunter zu: *»Das Schlimmste an mir ist mein Mundwerk.«*

Dennoch glaubt Helmut Kohl, daß man ihm seine Rücksichtslosigkeit, seine verletzende Grobheit und sein oft unkontrolliertes ›Mundwerk‹ nicht anmerkt, weil er gelernt hat, sich gut zu verstellen. Er ist überzeugt davon – so das erwähnte Psychogramm –, *»mit weicher Welle nach oben getragen zu werden. Bislang ist ihm dies auch immer gelungen – in Rheinland-Pfalz. Durch unermüdliche Anpassung.«*

Anpassung an wen?

Nun, natürlich stets an die jeweils Mächtigsten in seiner Partei und in der sie fördernden Wirtschaft, zunächst an die lokale CDU-Prominenz von Ludwigshafen und an seinen Amtsvorgänger als Ministerpräsident, Peter Altmeier, den er dann einfach beiseiteschob, als er seine Stunde gekommen sah; als junger Nachwuchspolitiker auch an den greisen Autokraten und Menschenverächter Konrad Adenauer, dem er recht geschickt sich beliebt zu machen verstand und der als Neunzigjähriger den jungen Streber Kohl zur Geburtstagsfeier einlud; später an Kurt Georg Kiesinger und an den damaligen CDU-Generalsekretär Bruno Heck, die sich dann beide nachdrücklich für Helmut Kohl einsetzten, bis dieser befand, daß er nun seine wackeren Förderer nicht mehr brauchte. Um das Psychogramm noch ein letztes Mal zu zitieren: *»Er war immer ein Karriere-Typ.«*

Zum Karrieredenken eines CDU-Berufspolitikers gehört auch die Suche nach außerparteilichem Rückhalt, zunächst bei der regionalen Unternehmerschaft. Dort fand der von brennendem Ehrgeiz erfüllte Führer der Ludwigshafener Jungen Union schon 1958 einen millionenschweren Gönner, der Kohls Talente zu schätzen wußte und, wie er später selbst darüber sagte, »einen guten Riecher« für kommende Spitzenpolitiker hatte, die sich einem Industriellen dann als sehr nützlich erweisen könnten.

Helmut Kohls reicher Gönner und auf dessen spätere Dankbarkeit erpichter Förderer in jenen Jahren, als der heutige Ministerpräsident und CDU/CSU-Kanzlerkandidat noch ein nahezu unbekannter Doktorand war und sich, nach oben ungemein anpassungsfähig, nach unten hin – und erst recht mit Rivalen – erstaunlich grob, großmäulig und rücksichtslos, um ein Landtagsmandat bewarb, war ein schon damals recht bedeutender Industrieller, Großaktionär und Vorstandsvorsitzer eines aufblühenden Unternehmens mit rund zweitausend Beschäftigten in der von Ludwigshafen nur acht Kilometer entfernten pfälzischen Kreisstadt Frankenthal.

Fast zwei Jahrzehnte lang, während aus dem Ludwigshafener JU-Führer ein Stadtrat, dann ein CDU-Landtagsabgeordneter, schließlich ein rheinland-pfälzischer Ministerpräsident, CDU-Bundesvorsitzender und Kanzlerkandidat wurde, war Helmut Kohl ein häufiger Gast in der Frankenthaler Industriellen-Villa.

In allen diesen Jahren gab es zwischen Helmut Kohl und dem Frankenthaler Industriellen zahlreiche Gespräche über politische und wirtschaftliche Fragen. Der junge Politiker holte sich manchen Rat von seinem um 23 Jahre älteren, fast väterlichen Freund, ließ sich von diesem erzählen, wie man aus bescheidenen Anfängen über Krieg, Niederlage und Währungsreform hinweg zu Multimillionärs- und Konzernherren-Höhen aufsteigt, und er scheint sich damals vorgenommen zu haben, es einmal mindestens ebenso weit zu bringen wie sein mächtiger Gönner. Dessen glänzende Beziehungen zu bereits arrivierten und kommenden Spitzenleuten in Politik und Wirtschaft kamen dem aufsteigenden Jungpolitiker Helmut Kohl zugute. Und manchmal konnte der wohlhabende und einflußreiche Konzernboß, dank seiner großen Möglichkeiten, dem begabten Nachwuchspolitiker helfen.

Natürlich präsentierte Helmut Kohl seinem Förderer auch das Mädchen, mit dem er sich zu verloben gedachte, und erst nachdem seine zukünftige Ehefrau Hannelore von der Familie des Frankenthaler Industriellen in Augenschein genommen worden war, traf Helmut Kohl Vorbereitungen für die Gründung eines eigenen Hausstands.

Hie und da konnte auch der inzwischen zum Landtagsabgeordneten mit wachsendem Einfluß avancierte Kohl bereits seinerseits dem Freund ein paar Gefälligkeiten erweisen, doch davon später. Und der reiche Industrielle steigerte sodann das Ansehen Helmut Kohls, indem er diesen mitnahm auf eine Auslandsreise, wie sie sich damals ein noch unbekannter Provinzpolitiker kaum zu erträumen wagte; Frau Hannelore Kohl durfte derweilen mit der Gattin des Industriellen Ferien im schweizerischen Zermatt machen, wo den Damen ein luxuriöses Chalet zur Verfügung stand. Die Traumreise, auf die Helmut Kohl von seinem noblen Förderer mitgenommen wurde, ging nach Afrika, ins Königreich Marokko, dessen Honorarkonsul für Rheinland-Pfalz und Hessen sein väterlicher Freund inzwischen geworden war. Und dank der fürsorglichen Betreuung, die der Herrscher über das Land zwischen Rifgebirge und westlicher Sahara seinem Konsul und dessen Gast zuteil werden ließ, wurde das Ganze für den jungen Politiker aus Ludwigshafen zu einem unvergeßlichen Erlebnis wie aus Tausendundeiner Nacht. Kohl lernte so erstmals ein Stück Orient kennen, noch dazu aus der Millionärsperspektive, betreut von den Würdenträgern des Sultans und mit allen Annehmlichkeiten, die normalen Touristen vorenthalten bleiben. Übrigens, das sei hier am Rand vermerkt, weil es das harte Urteil des Ludwigshafener Oberbürgermeisters über Helmut Kohl bestätigt: Auch der ihm so wohlwollende Industrielle rügte, gerade im Anschluß an diese Marokkoreise, die schlechten Manieren seines Schützlings. Wie schon gelegentlich zuvor und noch oftmals später, als Kohl schon längst Ministerpräsident von Rheinland-Pfalz geworden war, bedauerte der Herr Konsul, wenngleich nur im engeren Familien- und Freundeskreis, das *»ungehobelte Benehmen«* Kohls und seine *»schrecklichen«* Umgangsformen.

Aber der reiche Fabrikant nahm solche kleinen Unarten

Helmut Kohls in Kauf, wohl weil er sich von ihm bald weitere und bedeutendere Gefälligkeiten erhoffte.
Übrigens, der Name dieses Kohl-Mäzens, Industriellen und Konsuls von Marokko ist Dr. Fritz Karl Ries; er ist der Chef und Großaktionär des ›PEGULAN‹-Konzerns mit Hauptsitz in Frankenthal/Pfalz, und wir werden auf diesen Dr. Ries noch ausführlich zurückkommen.
Hier sei über ihn und seinen Konzern nur noch bemerkt, daß es bei Pegulan, einem bekannten Fußbodenbelag aus Kunststoff, im Jahre 1975 eine Absatzkrise und für den Konzern erhebliche wirtschaftliche Schwierigkeiten gab. Nur durch eine Landesbürgschaft konnten die Banken dazu bewogen werden, dem Unternehmen noch einmal über die Runden zu helfen. Das Fachblatt ›Wirtschaftswoche‹ meldete dazu am 5. März 1976:
»Tatsächlich müssen die Finanzkalamitäten bei Ries und den Pegulan-Werken noch gravierender sein, als in der WiWo vom 23. Januar 1976 dargestellt. Der rheinland-pfälzische Finanzminister Johann Wilhelm Gaddum mußte dem SPD-Abgeordneten Rainer Rund auf eine Anfrage zur Pegulan-Krise denn auch eingestehen: ›Landesbürgschaften werden nur dann gewährt, wenn die Sicherheiten im Sinne der Beleihungsgrundsätze der Kreditinstitute nicht ausreichen.‹ Im Klartext heißt das: Pegulan hätte ohne die Bürgschaft des Landes keinen Kredit mehr bekommen. Ob indes diese Landeshilfe allein wegen der gefährdeten Pegulan-Arbeitsplätze zugesagt wurde oder ob der CDU-Kanzlerkandidat und Rheinland-Pfalz-Chef Kohl zusätzlich ein gutes Wort für Ries einlegte, bleibt offen.«
Offen bleibt auch, ob der sowohl von der seriösen ›Wirt-

schaftswoche‹ als auch vom exklusiven ›Managermagazin‹ verbreitete angebliche Ries-Ausspruch über Kohl – *»Auch wenn ich ihn nachts um drei anrufe, muß er springen«* – korrekt wiedergegeben worden ist. Immerhin bezeichnen Ries-Tochter Monika und deren Ehemann, Rechtsanwalt Herbert Krall, dieses Zitat als »durchaus der Riesschen Auffassung von Kohl entsprechend«.

Indes, mit Gewißheit läßt sich nur sagen, daß das von Helmut Kohl geführte Land Rheinland-Pfalz den Konzern des Dr. Ries durch Übernahme von Bürgschaften in Millionenhöhe vor dem Zusammenbruch bewahrt hat. Dabei hat möglicherweise auch der Umstand eine Rolle gespielt, daß dem Ries-Konzern schon in vergangenen Jahren bedeutende Landesmittel zuteil geworden waren, deren Gesamthöhe von Fachleuten auf zig Millionen DM veranschlagt wird.

Doch zunächst zurück zu Helmut Kohl, dem langjährigen Intimus des Pegulan-Konzernchefs, der als rheinlandpfälzischer Ministerpräsident seinem Gönner Konsul Dr. Fritz Ries wegen dessen *»unternehmerischer Leistung und Engagements für die Gesellschaft«* im Februar 1972 den Stern zum Großen Bundesverdienstkreuz an den Frack heften konnte.

Neuerdings betrachtet CDU/CSU-Kanzlerkandidat Kohl den *»guten Menschen von Frankenthal«* mit zunehmender Besorgnis. Nicht zuletzt wohl deshalb, weil die Ries-Ansichten über Kohl und seine Beziehungen zu ihm in die Öffentlichkeit zu dringen beginnen, aber wohl auch, weil ihm des Konsuls immer kräftigeres ›Mitmischen‹ bei der Entwicklung von Unions-Strategien unangenehm wird.

Doch es gibt auch noch einen anderen Grund, weshalb Helmut Kohl den einst von ihm so geschätzten Frankenthaler Konzernchef mit wachsendem Argwohn betrachtet. Denn Dr. Fritz Ries ist geschäftlich wie privat auch noch mit einem anderen Spitzenpolitiker der Unionsparteien eng verbunden: mit Franz Josef Strauß.

Genauer: Der CSU-Chef und Kohl-Widersacher Franz Josef Strauß ist mit Dr. Fritz Ries eng befreundet und häufig dessen Gast, zumal auf dem Ries-Schloß Pichlarn in der österreichischen Steiermark. Und Frau Marianne Strauß, geborene Zwicknagl, die Ehefrau des CSU-Vorsitzenden, ist am Konzernbesitz des Dr. Ries nicht unerheblich beteiligt.

Eine solche doppelte, politisch-freundschaftliche und wirtschaftlich-familiäre Verbindung zwischen seinem alten Freund und Gönner Dr. Ries und seinem parteiinternen Gegner und Rivalen Strauß ist Helmut Kohl offenbar etwas unheimlich und bereitet ihm Sorgen. Seine Stirn legt sich in horizontale und vertikale Falten, wenn er darauf angesprochen wird. Zwar ist Kohl davon überzeugt, daß er auf längere Sicht, durch geduldiges Zuwarten, diese mögliche Gefahr politisch überleben könnte; er ist schließlich erheblich jünger als der bald 61jährige Strauß und der fast 70jährige Ries. Doch nun hat er sich als Kanzlerkandidat bereits zu weit hervorgewagt, und was seinen altersmäßigen Vorteil angeht, so heißt es in seinem Psychogramm durchaus zutreffend: »*Kohls Jugend zündet nicht. Psychologen meinen, das hinge mit seiner Mimik zusammen. Es sei die Mimik eines alten Mannes, die in erster Linie Sorge signalisiere ... Einen jungen Mann stellt man sich ganz anders vor ... Auch*

Kohls Sprache ist nicht die Sprache eines mitreißenden Politikers. Zuhörer und Fernseher schalten ab, wenn Kohl spricht ... Er spricht nicht zum Volk, sondern mit sich selbst ...«

Helmut Kohl ist sich dieser Schwächen durchaus bewußt, und deshalb fühlt er sich seinem Rivalen Franz Josef Strauß häufig nicht gewachsen. Denn Strauß hat gerade die Eigenschaften, die Kohl fehlen; besonders im Wahlkampf brilliert Strauß mit seinen demagogischen Fähigkeiten (wogegen Helmut Kohl seine tatsächlich vorhandenen ›Strauß-Eigenschaften‹ – Rechthaberei, Überheblichkeit und Rücksichtslosigkeit – der Öffentlichkeit sorgfältig verbergen zu müssen meint, weil er auf ›weicher Welle‹ zu siegen hofft).

Auch weiß Helmut Kohl, daß für ihn kein Weg an Strauß vorbeiführt: Sollte es den Unionsparteien unter Kohls Führung bei den Bundestagswahlen im Herbst 1976 wieder mißlingen, die sozialliberale Koalition in Bonn abzulösen, dann wird der CSU-Chef sofort zur Stelle sein und ein Scherbengericht abhalten, bei dem von Helmut Kohl als Bundespolitiker nichts mehr übrigbleiben dürfte. Sollten aber die Unionsparteien an die Macht kommen und nach den Bundestagswahlen vom Herbst 1976 allein das Bonner Kabinett bilden können, dann wird Franz Josef Strauß erst recht sofort zur Stelle sein. Und es steht zu befürchten, daß auch in einem solchen Falle dem Kanzler Kohl böse Zeiten bevorständen, denn Bonns starker Mann hieße dann nicht Kohl, sondern Strauß.

Hinzu käme, daß dann womöglich der einstige Kohl-Gönner, Konsul Dr. Ries, auch von dem zum Bundeskanzler aufgestiegenen Protégé noch behaupten würde:

»Wenn ich den nachts um drei anrufe, muß er springen!«
Und hinter den beiden ›Freunden‹ eines Kanzlers Kohl, hinter Franz Josef Strauß und Konsul Dr. Ries, stände dann gewiß noch ein Dritter, der oft mit von der Partie war, wenn Strauß und Ries gemeinsam politische Pläne schmiedeten.
Dieser ziemlich kleine, fast 70jährige, aber noch sehr agile Mann im Hintergrund heißt Dr. Eberhard Taubert.

3 Wer ist Eberhard Taubert?

»TAUBERT, Eberhard, Dr. jur., Ministerialrat a. D., Leiter der Rechtsabteilung der PEGULAN AG, Frankenthal/Pfalz; 6710 Frankenthal/Pfalz, Am Kanal 3; geboren am 11. Mai 1907 in Kassel; Ausbildung: Studium der Rechtswissenschaft an den Universitäten Kiel, Berlin, Heidelberg (Promotion 1930).«

So lautet ein – vermutlich auf eigenen Angaben Dr. Tauberts beruhender – Eintrag in einem Nachschlagewerk aus dem Jahre 1974. Doch zu diesen etwas dürftigen Mitteilungen gibt es interessante Ergänzungen:

Bereits 1931, also schon zwei Jahre vor Beginn der Naziherrschaft, wurde der damals 24jährige Volljurist Dr. Eberhard Taubert Mitglied der NSDAP und leitete von Anfang 1932 an die Rechtsabteilung der Nazi-Gauleitung von Groß-Berlin. Er gehörte zu den engsten Mitarbeitern des damaligen Gauleiters Dr. Josef Goebbels, der zugleich Reichspropagandaleiter der NSDAP war. Nebenbei war Dr. Taubert auch SA-Sturmführer im Stab der SA-Gruppe Berlin-Brandenburg.

Im Jahre 1933, schon bald nach Beginn der Naziherrschaft, wurde der erst 26jährige Dr. Taubert Referatslei-

ter im neugeschaffenen ›Reichsministerium für Volksaufklärung und Propaganda‹ des Dr. Josef Goebbels und in dieser Agitations-Zentrale des ›Dritten Reiches‹ zunächst zuständig für ›Allgemeine Innenpolitik, gegnerische Weltanschauung, kirchliche Angelegenheiten, Bolschewismus im In- und Ausland‹.
In den folgenden Jahren zeichnete er verantwortlich für die sogenannte *›Aktivpropaganda gegen die Juden‹*, womit die gesamte staatlich organisierte Hetze gegen die Juden zur Vorbereitung ihrer schließlichen Vernichtung gemeint war, ferner für die *›Antikomintern‹*, die antikommunistische Propagandazentrale.
In seiner Eigenschaft als oberster Hetzer gegen Kommunisten, Juden und mißliebige Intellektuelle aller politischen Schattierungen sowie gegen die – speziell katholische – Geistlichkeit brachte Dr. Taubert diese so unterschiedlichen Angriffsziele scheinbar mühelos unter einen Hut. So gab er 1937 Richtlinien für Presse, Film, Rundfunk und alle anderen Propagandastellen heraus, in denen es hieß: *»Ebenso wie die* (Moskauer) *Drahtzieher dieses Vernichtungsfeldzuges den Frieden bewußt und planmäßig bekämpfen, tut es heute die große Meute der kleinen Juden und Bolschewisten in aller Welt, der zersetzten und halb-zersetzten, der bolschewisierten und halbbolschewisierten Intellektuellen, die als getarnter Vortrupp Moskaus arbeiten ...«*
Im Jahre 1936 noch Regierungsrat, wurde Dr. Taubert in den folgenden Jahren mehrmals außer der Reihe befördert. So ernannte ihn der »Führer« bereits 1938 »unter Abweichung von den Reichsgrundsätzen« vorzeitig zum Oberregierungsrat, wenig später zum Ministerialrat. Da-

neben bekleidete Dr. Taubert von 1938 an auch noch das Amt eines ›ehrenamtlichen Richters‹ beim 1. Senat des berüchtigten ›Volksgerichtshofs‹ und war als solcher beteiligt an verschiedenen Todesurteilen gegen in- und ausländische Widerstandskämpfer.

Dazu Dr. Taubert später: *»Ich bin von der Gründung des Propagandaministeriums an für die propagandistische Bekämpfung des Kommunismus zuständig gewesen ... Es bestand die Gefahr, daß man mit diesem im dunkeln kämpfenden Gegner die Tuchfühlung verlor, seine Mentalität verkannte und mit psychologisch falschen Argumenten arbeitete. Das Propagandaministerium beorderte mich deshalb zum Beisitzer in Hoch- und Landesverratsprozessen gegen Kommunisten, damit ich dem Gegner Auge in Auge gegenüberstand und mit seiner Mentalität vertraut blieb.«*

Von 1942 an hatte Ministerialrat Dr. Taubert im Goebbels-Ministerium die Leitung des neuen ›Generalreferats Ostraum‹; ihm unterstanden etwa 450 Beamte des gehobenen und höheren Dienstes sowie sämtliche Propagandastellen in den besetzten Ostgebieten. Die Aufgabe seines Generalreferats war die propagandistische Vorbereitung des millionenfachen Massenmords, sowohl an Ort und Stelle sowie im Reich als auch im neutralen und feindlichen Ausland, wobei die Auslandspropaganda mit den zuständigen Stellen im Auswärtigen Amt abgestimmt werden mußte. AA-Verbindungsmann zum Propagandaministerium und somit offizieller Gesprächspartner Dr. Tauberts in Fragen der weltweiten Verleumdung derer, die man in dem von den Nazis kontrollierten ›Ostraum‹ zu Millionen ermordete, war damals Kurt

Georg Kiesinger, der spätere Parteivorsitzende der CDU, Bundeskanzler von 1966–1969 und innerparteiliche Förderer von Helmut Kohl.
Nach dem Zusammenbruch der Naziherrschaft konnte Dr. Taubert – der in den Protokollen des Hauptkriegsverbrecherprozesses vor dem Internationalen Militärgerichtshof in Nürnberg, Band XVII, mehrfach als *»Dr. Tauber«* auftaucht, ins neutrale Ausland flüchten. Er lebte dann – so schrieb er am 12. Dezember 1971 an einen alten Freund, der sich nach Madrid abgesetzt hatte – *»zunächst viele Jahre außerhalb Europas, in Südafrika und Persien«*, wobei er den dortigen Machthabern als Berater auf dem Gebiet der »Aktivpropaganda« diente. Schließlich fand er wieder Verbindung zu *»nationalen Kreisen«* und wurde – wie er seinem Freund weiter berichtete – reger Mitarbeiter *»einer der wenigen nationalen Zeitungen in der Bundesrepublik«*.
Außerdem fungierte Dr. Eberhard Taubert dann in Bonn als Berater des damaligen Verteidigungsministers Strauß in Fragen der »psychologischen Kriegführung« sowie als Vizepräsident eines »Volksbunds für Frieden und Freiheit«, bis er auf geharnischten Protest von jüdischer Seite hin offiziell ›kaltgestellt‹ werden mußte. Dr. Tauberts Beziehungen zu Strauß rissen indessen nicht ab.
Als 1970 einige Politiker der Rechten damit begannen, teils durch Abwerbung von Abgeordneten, teils durch aus dem Hintergrund gesteuerte Kampagnen der ultrarechten Presse, den Sturz Willy Brandts vorzubereiten, schrieb Dr. Eberhard Taubert an Franz Josef Strauß:
»Über die immense Bedeutung der Publizistik sind wir uns wohl alle einig. Es muß gelingen, das Monopol der

Linken in den Massenmedien zu brechen. Damit komme ich auf ›Das Deutsche Wort‹.
In unserem kurzen Gespräch in Frankenthal am 6. Juni (1970) *bestand Übereinstimmung, das Blatt zu Ihrem Organ nördlich des Mains zu entwickeln. Ich habe Sie auch so verstanden, daß es besser sei, ›Das Deutsche Wort‹ nicht einfach zur Filiale des ›Bayernkuriers‹ zu machen (wie es der ursprünglichen Konzeption von Marcel Hepp* * *entsprochen hatte), sondern die Zusammenarbeit geheimzuhalten.*
Inzwischen ist nun ein halbes Jahr vergangen. Wir haben die Zeitung, die nach Verlust der Bundeszuschüsse eine allzu schmale finanzielle Basis hat, wider Erwarten immer wieder erscheinen lassen können. Jetzt ergeben sich zwei Möglichkeiten:
Es ist möglich, daß ›Das Deutsche Wort‹ in Ihrem Konzept nicht mehr figuriert...; dann würden wir das Blatt auf monatliches Erscheinen umstellen müssen. Wenn Ihre ursprüngliche Idee aber fortbesteht, müßten wir nun Schritte zur Realisierung unternehmen...
In alter Verehrung und mit allen guten Wünschen!
Ihre sehr ergebenen...«
Unterzeichnet hatte dieses Schreiben an den CSU-Vorsitzenden und Herausgeber des ›Bayernkuriers‹, Franz Josef Strauß, neben Dr. Eberhard Taubert auch der Herausgeber der (1973 eingestellten) rechtslastigen Zeitung »Das Deutsche Wort«, Hugo Wellems, ehedem Referent der Hitlerjugendführung, Abteilung Propagan-

* Marcel Hepp, inzwischen verstorben, war damals persönlicher Referent von Franz Josef Strauß.

da, während des Zweiten Weltkriegs Chef des Propagandaamts für Litauen in Kowno und damit dem ›Ostraum‹-Generalreferenten Dr. Taubert damals direkt unterstellt.

Daß die von etwa 1950 an wiederaufgenommenen Hetzaktivitäten der rechten Ultras, die nun gegen die SPD und speziell gegen Willy Brandt gerichtet waren, von Franz Josef Strauß und seinen Parteifreunden *aus öffentlichen Mitteln* bezahlt worden sind, sogar noch nach 1966, als die CDU/CSU gemeinsam mit der SPD eine Regierung der Großen Koalition unter Bundeskanzler Kurt Georg Kiesinger gebildet hatte und Willy Brandt deren Außenminister und Vizekanzler geworden war, geht eindeutig hervor aus einem Brief, den Dr. Richard Stücklen, Chef der CSU-Landesgruppe im Bundestag, an Hugo Wellems gerichtet hat. Am 18. Januar 1968 schrieb Dr. Stücklen an den Herausgeber des ultrarechten Hetzblatts:

»Im Einvernehmen mit dem Landesvorsitzenden der CSU, Bundesfinanzminister Franz Josef Strauß, und dem Parlamentarischen Staatssekretär im Bundeskanzleramt, Freiherr von und zu Guttenberg, habe ich heute den Leiter des Presse- und Informationsamtes der Bundesregierung gebeten, die Zeitung ›Das Deutsche Wort‹ aus dem Titel 300 zu fördern. Mit freundlichen Grüßen gez. Richard Stücklen.«*

Tatsächlich wurde diese für die Herren Wellems und Dr.

* Bei diesem Haushaltstitel handelt es sich um den geheimen, im einzelnen keiner Parlamentskontrolle unterliegenden sogenannten ›Reptilienfonds‹ des Bundeskanzleramts.

Taubert erbetene Finanzhilfe dann das ganze Jahr 1968 hindurch gewährt. Erst 1969 gelang es der SPD, weitere Zuwendungen aus öffentlichen Mitteln zu verhindern und dem rechten Kampfblatt die Bundeshilfe zu entziehen. Doch dafür flossen den Herren Wellems und Dr. Taubert sowie ihrer »Staats- und Wirtschaftspolitischen Gesellschaft e. V.«, Sitz Köln, um so reichlichere Geldspenden aus Industriekreisen zu.

Wie das im einzelnen vonstatten ging, ergibt sich aus einer Aktennotiz vom 14. Mai 1970, worin es heißt:

»Herr Wellems erhielt von Herrn Dr. Taubert die Mitteilung, daß Herr Konsul Ries, Vorstandsvorsitzender der PEGULAN AG, Herrn Dr. Taubert ... zugesagt hat, uns in nächster Zeit einen größeren Geldbetrag zukommen zu lassen. Es gilt noch abzuklären, ob der Betrag über PR-Beiträge oder Anzeigen eingebracht wird ...«

Dr. Eberhard Taubert, einst Chef der Juden- und Kommunistenhetze des Nazireiches, war inzwischen Leiter der ›PEGULAN‹-Rechtsabteilung und des Persönlichen Büros von Konsul Dr. Fritz Ries geworden. In dessen Häusern führte Dr. Taubert, zumal 1970/72, politisch bedeutsame Gespräche mit Franz Josef Strauß und anderen prominenten Unionspolitikern, vor allem im Hinblick auf die zu entwickelnde Strategie im Bundestagswahljahr 1972. Schon damals zeigten sich Strauß und seine Freunde brennend interessiert an Dr. Tauberts Patentrezepten für die Mobilisierung bürgerlicher Vorurteile; seine Methoden, die er im ›Dritten Reich‹ so wirksam gegen Juden und Kommunisten angewandt hatte, schienen den Unionschristen auch gegen die sozialliberale Koalition und speziell gegen die Sozialdemokraten gut

verwendbar zu sein.
Vielleicht noch wichtiger aber waren die guten Beziehungen des Dr. Taubert und seines Kollegen Hugo Wellems zu anderen ehemaligen Nazi-Größen. Diese Beziehungen wurden, nachdem im Herbst 1969 Willy Brandt Bundeskanzler geworden war, zu einem Politikum ersten Ranges. Von 1970 an durfte Dr. Taubert darangehen, sie systematisch zu aktivieren, nicht zuletzt eines Komplotts wegen, bei dem einem Abgeordneten der SPD/FDP-Regierungskoalition, dem damaligen Freidemokraten Siegfried Zoglmann, eine Schlüsselrolle zufiel.

4 Wer ist Siegfried Zoglmann?

»ZOGLMANN, Siegfried, Journalist, Inhaber der Werbeagentur ›interwerbung‹, Geschäftsführer des Nordwestdeutschen Zeitungs- und Zeitschriftenverlags, beide Düsseldorf; Mitglied des Bundestags (seit 1957); ab 1961 Fraktionsgeschäftsführer, 1963–68 stellvertretender Fraktionsvorsitzender der F.D.P.; ab 1970 Hospitant bei der CSU-Landesgruppe. Anschrift: 8 München 13, Giselherstr. 16. Geboren am 17. August 1913 in Neumark/Böhmen, katholisch, verheiratet, 2 Kinder. Ausbildung: Volks- und Mittelschule. Seit 1931 Journalist, 1939–45 Wehrdienst (Offizier); Herausgeber und Chefredakteur der Wochenzeitung ›Der Fortschritt‹. 1954–58 Mitglied des Landtags in Nordrhein-Westfalen. Bis 1970 (Austritt) Mitglied der F.D.P., zuletzt stellvertretender Landesvorsitzender in Nordrhein-Westfalen; Mitbegründer der National-Liberalen Aktion. Auszeichnungen: 1973 Großes Bundesverdienstkreuz.«

So lautet die Siegfried Zoglmann betreffende Eintragung in ›Wer ist wer?‹, doch sie bedarf ebenfalls noch einiger Ergänzungen:

Schon 1928, mit erst fünfzehn Jahren, wurde Siegfried

Zoglmann ein fanatischer Nazi und ein sehr aktives Mitglied sudetendeutscher NS-Jugendorganisationen in der Tschechoslowakischen Republik. 1934, nachdem er bei Zusammenstößen mit der Polizei verhaftet und mit Gefängnis bestraft worden war, floh der gerade 21jährige Zoglmann nach Deutschland und wurde dort Chefredakteur von Nazi-Blättern wie *»Jungdeutsches Volk«* und *»Deutscher Ostraum«*, außerdem hauptamtlicher, besoldeter HJ-Führer. Damals, bei der ›Reichsführung‹ der Hitlerjugend, lernte er Hugo Wellems kennen und auch Dr. Eberhard Taubert, denn bis 1938 leitete Siegfried Zoglmann die Verbindungsstelle der obersten Hitlerjugendführung zum Reichspropagandaministerium.
Nach der Besetzung des Sudetenlandes und der bald folgenden Zerschlagung der Rest-Tschechoslowakei wurde der Hauptbann-, später Gebietsführer* Zoglmann zum Chef der Befehlsstelle Böhmen und Mähren und zum Abteilungsleiter beim ›Reichsprotektor‹ ernannt. Unter Konstantin v. Neurath, Reinhard Heydrich und K. H. Frank gehörte Zoglmann zum obersten Führungskreis der Nazidiktatur in Prag.
Der 1946 als Kriegsverbrecher hingerichtete Staatssekretär und spätere ›Reichsprotektor von Böhmen und Mähren‹, K. H. Frank, betraute damals den ihm aus der ›Kampfzeit‹ gut bekannten Siegfried Zoglmann mit ›besonderen‹ und besonders heiklen Aufgaben.
So übersandte Zoglmann dem Staatssekretär bereits lange *vor* dem Überfall der deutschen Wehrmacht auf die

* Dieser Rang entsprach bei der Hitlerjugend etwa dem eines Gruppenführers bei der SS oder eines Generals bei der Wehrmacht.

Sowjetunion eine das Datum vom 3. September 1940 tragende Denkschrift; sie betraf die zwangsweise ›*Aussiedlung*‹ der nach Meinung der NS-Rasseforscher minderwertigen und daher ›*nicht eindeutschungsfähigen*‹ slawischen Bevölkerung Böhmens und Mährens ›*nach Sibirien*‹! Im Jahre 1940 erbat und erhielt Zoglmann auch vom Reichsführer Heinrich Himmler persönlich die Erlaubnis, SS-Führer zu werden. Er wurde zum Offizier in der »Leibstandarte Adolf Hitler‹ ernannt, eine besondere Auszeichnung, die nur wenigen, vom Standpunkt des Regimes aus absolut zuverlässigen und fanatischen Nazis zuteil wurde. Zoglmanns letzter bekannter Dienstgrad in der Allgemeinen SS, die der Internationale Militärgerichtshof dann zur ›verbrecherischen Organisation‹ erklärte, war – laut Personalveränderungsblatt vom 9. November 1944 – der eines SS-Untersturmführers. Daneben war Zoglmann zeitweise zur ›Frontbewährung‹ als Offizier einer SS-Panzerdivision in der Sowjetunion eingesetzt.

Daß dieser Fronteinsatz nur ein paar Wochen dauerte, geht aus einem Brief hervor, den Zoglmann an SS-Obergruppenführer K. H. Frank richtete. In diesem Schreiben mit Orts- und Datumsangabe *»ostwärts Schitomir, den 11. 12. 1943«* heißt es:

»Seit vier Wochen sind wir nun hier im Osten. Als ich erfuhr, daß die Leibstandarte nach Rußland verlegt, bat ich meinen Kommandeur, nicht auf den Vorbereitungslehrgang für die Führerschule fahren zu müssen. So konnte ich diesen Einsatz, diesmal als Panzerkommandant, noch mitmachen. Im Januar allerdings soll ich dann auf die Führerschule . . . Anläßlich einer Dienstreise

nach Berlin war ich im Oktober auch kurz in Prag. Dabei hätte ich Sie, Obergruppenführer, in einer persönlichen Angelegenheit gerne gesprochen. Für die Leitung der Abteilung Ausland und der Abteilung Auslandspresse hat der Reichspropagandaminister beim Reichsjugendführer Kräfte angefordert. Dabei bot man mir die Abteilung Ausland, die bis dahin Ministerialdirektor Dr. Hunke geleitet hatte, an. Ich habe mit dem Reichsjugendführer und mit Staatssekretär (im Reichspropagandaministerium) *Gutterer die Angelegenheit besprochen und es abgelehnt, mich zu binden. Ich wollte in einer so weittragenden Sache mich nicht entscheiden, ohne vorher mit Ihnen, Obergruppenführer, gesprochen zu haben. Leider waren Sie in den Tagen meines Pragaufenthalts krank ... Ich konnte die Sache nur mit Ferdl Fischer besprechen, der mir den Rat gab, sie Ihnen vorzutragen. Ich darf dies heute tun und damit zugleich die Bitte verbinden, die Frage meiner zukünftigen Verwendung bei meinem nächsten Besuch in Prag mit Ihnen besprechen zu dürfen.*

Ich will gerne hoffen, daß diese Zeilen Sie noch vor dem Julfest – bei der SS übliche Bezeichnung für Weihnachten –, *das ich zum ersten Male hier draußen erlebe, erreichen ... Es lebe der Führer! Heil Hitler! Ihr ergebener Siegfried Zoglmann.«*

Bald nach dem Krieg tauchte Zoglmann im Raum Köln–Düsseldorf auf, angeblich kaum belastet, da er ja nur »bei der HJ mitgespielt« und im Krieg als Offizier ›Frontdienst‹ geleistet hatte. Zusammen mit einigen anderen hohen Nazifunktionären unternahm er damals den Versuch, die nordrhein-westfälischen Freidemokraten von

rechts her zu unterwandern. Der Versuch gelang; bereits 1950 wurde der ehemalige SS-Leibstandartenoffizier und angehende Abteilungsleiter im Reichspropagandaministerium des Dr. Goebbels zum Pressereferenten des FDP-Landesvorstands ernannt, 1954 Landtags- und 1957 Bundestagsabgeordneter.
Im Privatberuf Inhaber einer Werbeagentur und daneben führender Funktionär der Sudetendeutschen Landsmannschaft wie auch des ultrarechten ›Witiko‹-Ordens, spielte Siegfried Zoglmann von 1969 an den Vermittler zwischen jenen FDP-Bundestagsabgeordneten, die nach und nach von der sozialliberalen Koalition abfielen und so die Regierung Brandt/Scheel allmählich um die Parlamentsmehrheit brachten, und bestimmten Kreisen in Politik und Wirtschaft, die sich den Sturz des Kabinetts Brandt und die Rückkehr der CDU/CSU an die Macht, möglichst ohne Neuwahlen, zum Ziel gesetzt hatten. Dabei vollzog Zoglmann selbst den Abfall von der FDP in mehreren Etappen, genau nach den Absprachen, die er mit Franz Josef Strauß getroffen hatte.
Am Allerheiligentag 1970, knapp anderthalb Jahre vor dem Auszug der letzten Abtrünnigen aus dem Regierungslager, konnte Siegfried Zoglmann – laut eidesstattlicher Versicherung eines Zeugen – dem CSU-Vorsitzenden Strauß und einigen weiteren Anwesenden bereits die zukünftigen Gewissensnöte einiger von ihm namentlich bezeichneter FDP-Bundestagsabgeordneter prophezeien, dazu Ratschläge erteilen, wie den Sorgen und Nöten der betreffenden Parlamentarier dann – individuell verschieden – abzuhelfen wäre. Ein Irrtum unterlief den Interessierten dabei nur hinsichtlich des freidemokrati-

schen Abgeordneten Karl Geldner: Der ließ sich zwar einen 400000 DM-Beratervertrag sowie einen sicheren CSU-Listenplatz anbieten, lief dann aber nicht im kritischen Augenblick zur Opposition über, sondern meldete den Abwerbungsversuch seinem Fraktionsvorstand.
Die entscheidenden Gespräche zwischen Zoglmann und Franz Josef Strauß an jenem 1. November 1970 fanden übrigens nicht in der Bundesrepublik, sondern im benachbarten Ausland statt: auf jener Besitzung Schloß Pichlarn in der Steiermark, die dem PEGULAN-Konzernchef Dr. Fritz Ries, Helmut Kohls großem Förderer, Geschäftspartner der Frau Marianne Strauß und Brotherrn des Dr. Taubert, als Ferienresidenz dient.
Am Abend zuvor hatte der Schloßherr dort eine Schar sehr prominenter Gäste aus Wirtschaft und Politik festlich bewirtet. Durch ihre Top-Manager waren unter anderem vertreten: der Flick-Konzern, die Quandt-Gruppe, die Farbwerke Hoechst, die Commerzbank, die Daimler-Benz AG, der Henkel-Konzern und der ›Quelle‹-Versand. An Politikern waren anwesend: Franz Josef Strauß, CSU-Landesgruppenchef Dr. Richard Stücklen, der hessische CDU-Vorsitzende Dr. Alfred Dregger, der Strauß-Intimus Dr. Friedrich Zimmermann und der CSU-Schatzmeister Karl Heinz Spilker, Vorstandsmitglied der Kalle AG.
Bald nach dem Treffen auf Schloß Pichlarn ging Siegfried Zoglmann, zusammen mit Erich Mende und Heinz Starke, von der Regierungskoalition zur Opposition über. Er wurde zunächst ›Gast‹, dann reguläres Mitglied der CSU-Landesgruppe im Bundestag.
Drei Jahre später, zu seinem 60. Geburtstag, wurde Sieg-

fried Zoglmann mit dem Großen Bundesverdienstkreuz ausgezeichnet, vermutlich für seine Verdienste um den Aufbau der bundesdeutschen Demokratie und die Integrierung jener sudetendeutschen Vertriebenen, deren hartes Schicksal er in seinen hohen Funktionen beim ›Reichsprotektor‹ in Prag mitverschuldet hatte.
Übrigens, von allen Gästen des Konsuls Dr. Ries auf Schloß Pichlarn am Vorabend des Allerheiligentags 1970 war – außer Dr. Taubert – vermutlich nur einer mit der Prager Vergangenheit des damals doch freidemokratischen Abgeordneten Siegfried Zoglmann bestens vertraut, nämlich der anwesende Repräsentant der Daimler-Benz AG, Dr. Hanns Martin Schleyer, der während des Krieges ebenfalls in Prag und dort in leitender Stellung tätig gewesen war.

5 Wer ist Hanns Martin Schleyer?

Dr. Hanns Martin Schleyer, den die Zeitungen neuerdings gern als den *›Boss der Bosse‹* bezeichnen, weil er als Präsident der ›Bundesvereinigung der deutschen Arbeitgeberverbände‹ (BDA) die bundesdeutschen Unternehmer zu disziplinieren bemüht ist und einen harten, die Konfrontation mit den Gewerkschaften nicht scheuenden Kurs steuern läßt, ist in der bunten, hier als *»Strauß, Kohl & Co.«* vorgestellten Gesellschaft sicherlich die stärkste Persönlichkeit.
An Macht und Einfluß ist er allen anderen, auch Franz Josef Strauß, überlegen. Und sollten am 3. Oktober 1976 die Unionsparteien einen Sieg über die sozialliberale Koalition erringen, könnte Hanns Martin Schleyer – sofern er dies wollte – jederzeit eine Schlüsselstellung in der Regierung des Kanzlers Helmut Kohl einnehmen, sei es als Wirtschafts- oder Verteidigungsminister, sei es als ein die Ressorts koordinierender Kanzleramts-Minister und Chef der drei Geheimdienste. Doch selbst wenn Dr. Schleyer, inzwischen nicht nur BDA-Präsident, sondern auch noch Präsident des BDI, des mächtigen ›Bundesverbands der deutschen Industrie‹, vorerst kein hohes

Staatsamt anstrebt – vielleicht, weil er an einen Wahlsieg der CDU/CSU unter Helmut Kohl nicht glaubt –, ist er durch seine hohen Kommandoposten in der bundesdeutschen Wirtschaft (und durch die Rückendeckung, die er als langjähriger Personalchef der Daimler-Benz AG hat) in jedem Fall ein entscheidender Faktor für die vom Wohlwollen der Unternehmerschaft und des Konzernmanagements abhängigen Unionsparteien.
Um so erstaunlicher ist es, wie wenig die Öffentlichkeit über Hanns Martin Schleyer bisher erfahren hat. Der ihn betreffende Eintrag im neuesten ›*Wer ist wer?*‹ lautet schlicht:
»*Schleyer, Hanns Martin, Dr. jur., Vorstandsmitglied der Daimler-Benz AG, Stuttgart-Untertürkheim, Präsident der Bundesvereinigung der deutschen Arbeitgeberverbände, Köln (seit 1973), Vorsitzender der Landesvereinigung baden-württembergischer Arbeitgeberverbände, Stuttgart (seit 1970). – Geboren am 1. Mai 1915 in Offenburg/Baden (Vater: Ernst Schleyer, Richter; Mutter: Helene, geb. Reithinger); verheiratet seit 1939 mit Waltrude geb. Ketterer; 4 Söhne. – Studium der Rechts- und Staatswissenschaften, Promotion in Innsbruck. – Seit 1951 bei Daimler-Benz (1959 stellvertretendes, 1963 ordentliches Vorstandsmitglied), Aufsichtsratsmandate (zum Teil Vorsitz); Mitglied der CDU. – Buchveröffentlichung: Das soziale Modell, 1973.*«
Diese recht mageren Informationen lassen sich jedoch beträchtlich ergänzen:
Zunächst muß erwähnt werden, daß Hanns Martin Schleyer, dessen Richter-Vater immerhin Landgerichtsdirektor gewesen ist, schon als Schüler am Gymnasium

von Rastatt (Baden) der Hitlerjugend beitrat. Das war 1931, zwei Jahre *vor* der nationalsozialistischen Machtübernahme, so daß sich der 1934 an der Universität Heidelberg sein Studium beginnende stud. jur. Schleyer trotz seiner erst 19 Jahre als »Alter Kämpfer« bezeichnen durfte; an der schwarzen Uniform der SS, der Schleyer (SS-Mitgliedsnummer 227014) inzwischen beigetreten war, trug er das Goldene Ehrenzeichen. Daneben aber wurde er auch Mitglied einer schlagenden Verbindung, nämlich des Korps Suevia im Kösener SC.

Bald jedoch konzentrierte sich die Aktivität des stud. jur. Hanns Martin Schleyer auf andere studentische Organisationen, die das Ziel hatten, die Universitäten in *»Forschungs- und Erziehungsanstalten nationalsozialistischer Prägung«* zu verwandeln. Er wurde Leiter des *Reichsstudentenwerks* in Heidelberg; später wurden ihm gleiche Funktionen in Innsbruck und Prag übertragen.

Über die Einrichtungen des ›Reichsstudentenwerks‹ sowie über die sogenannten ›Mannschaftshäuser‹, die von seiten der SS an den deutschen Universitäten geschaffen wurden, ist bis heute verhältnismäßig wenig bekannt. Die etwas pauschale Feststellung von Richard Schmid in der Wochenzeitung ›Die Zeit‹, beim ›Reichsstudentenwerk‹ der Nazizeit habe es sich um eine *»Tarnorganisation des Sicherheitsdienstes (SD)«* gehandelt, bedarf einer Einschränkung:

Zwar wurden die SS-Mannschaftshäuser vom SD finanziert, und etwa zwei Drittel der dort untergebrachten Studenten gehörten dem SD an, vom dem sie nach Beendigung des Studiums dann als hauptamtliche SD- oder Polizeioffiziere übernommen wurden. Doch waren diese

SS-Mannschaftshäuser bis 1939 formell dem SS-Rasse- und Siedlungshauptamt (RuSHA) unterstellt, und zwischen der SS und dem Reichsstudentenwerk gab es lediglich prinzipielle Abmachungen über den organisatorischen Einbau und die bevorzugte Behandlung der Mannschaftshäuser. Diejenigen SS-Männer, die nicht schon als Studenten dem SD angehörten und eine Laufbahn im Verwaltungsdienst, in der Wirtschaft oder im freien Beruf anstrebten, wurden von RuSHA später der Allgemeinen SS überwiesen, daneben allerdings »beim SD-Hauptamt geführt«. Darunter war zu verstehen, daß sie dazu ausersehen waren, in ihren künftigen Funktionen als Beamte, Diplomaten, Wissenschaftler oder Wirtschaftsmanager mit dem SD zusammenzuarbeiten. Weil der SD daran interessiert war, diese Zusammenarbeit geheimzuhalten, unterblieb eine offizielle Übernahme; diese Akademiker wurden den örtlich in Frage kommenden SS-Standarten zugewiesen.

Was den Jurastudenten, Reichsstudentenwerks-Amtswalter und SS-Scharführer Hanns Martin Schleyer betrifft, so wurde er mit Wirkung vom 15. Juni 1937 vom SS-Rasse- und Siedlungshauptmann als Schulungsleiter an die 13. SS-Reiterstandarte überwiesen. Etwa um dieselbe Zeit, genauer: mit Datum vom 29. Mai 1937, erstattete Amtswalter Schleyer (zusammen mit Studentenführer Gernot Gather, heute im Vorstand der Wirtschaftspolitischen Gesellschaft von 1947, Frankfurt am Main) einen Bericht über das nazifeindliche Verhalten des Rektors der benachbarten Universität Freiburg im Breisgau, Professor Dr. Metz. Dies hatte für den Rektor unangenehme Folgen: Nur wegen seiner *»früheren Ver-*

dienste um die nationalsozialistische Bewegung in Österreich« wurde er nicht sofort amtsenthoben, sondern erst zum 31. März 1938 abgelöst.
Anfang 1938, nach bestandener erster juristischer Staatsprüfung und Ernennung zum Gerichtsreferendar, erhielt Hanns Martin Schleyer sowohl vom Karlsruher Oberlandesgerichtspräsidenten wie von der 13. SS-Reiterstandarte Sonderurlaub für einen *»Auslandseinsatz«* in Österreich, das in jenen Tagen seine Selbständigkeit verlor. Nachdem Wehrmacht, Polizei, SS, Gestapo und SD die ›Ostmark‹ fest unter Kontrolle hatten, begann der Referendar und SS-Oberscharführer Schleyer mit dem Aufbau einer *Reichsstudentenwerks*-Filiale an der Universität Innsbruck, deren Leitung ihm übertragen wurde. Im Sommer 1938 wurde er bei seiner reichsdeutschen Ausbildungsbehörde vorstellig mit der Bitte, ihn mit Rücksicht auf seinen Sonderauftrag *»der Polizeidirektion Innsbruck zuzuweisen«*.
Nach der Annexion der Sudetengebiete und dem Einmarsch in die Rest-Tschechoslowakei, die kurzerhand zum ›Reichsprotektorat Böhmen und Mähren‹ erklärt wurde, erhielt der inzwischen zum Doktor juris promovierte Amtswalter Schleyer einen neuen Sonderauftrag: die *»Errichtung und Leitung des Reichsstudentenwerks an der Universität Prag«*. Und als die für seine Ausbildung zuständigen Behörden im ›Altreich‹ ungeduldig zu werden begannen und Dr. Schleyer aufforderten, endlich seinen ordnungsgemäßen Dienst bei einer Verwaltungsstelle aufzunehmen, teilte dieser dem Reichs- und preußischen Innenminister forsch mit: *»Ich bin alter Nationalsozialist und SS-Führer und darf für mich in Anspruch*

nehmen, daß mich keine äußerlichen Beweggründe hier – in Prag – *festhalten ... Die uns in jungen Jahren in der Kampfzeit anerzogene Bereitschaft, Aufgaben zu suchen und nicht auf sie zu warten, haben uns früher als sonst üblich in Verantwortung gestellt. Diese Aufgabe glaube ich hier im Protektorat gefunden zu haben ...*

Heil Hitler!

gez. Dr. Hanns Martin Schleyer.«

Tatsächlich stand der junge Dr. Schleyer dann bis weit in die Kriegsjahre hinein – nur einmal kurz unterbrochen durch eine Einberufung zu den Gebirgsjägern, doch schon bald aus gesundheitlichen Gründen aus der Wehrmacht wieder entlassen – an der Spitze der gesamten Partei- und SS-Hochschularbeit im ›Protektorat‹ und im Sudetenland; ihm unterstanden rund 160 Angestellte, und sein Jahresetat, einschließlich Liegenschaftsvermögen, betrug knapp zehn Millionen Reichsmark.

Dies geht hervor aus einem Brief, den der Schwiegervater des inzwischen mit einer Münchner Arzttochter verheirateten Regierungsreferendars Dr. Hanns Martin Schleyer, Dr. Ketterer, an einen alten Freund, den SA-Brigadeführer Dr. von Helms, Ministerialrat in der Personalabteilung des Reichsinnenministeriums, richtete. In diesem Schreiben bat Dr. Ketterer, der sich im Briefkopf als *»SA-Obergruppenführer und Ratsherr der Hauptstadt der Bewegung«* auswies, seinen SA-Untergebenen v. Helms eindringlichst um Verständnis für den Wunsch des Schwiegersohns, weiter in Prag bleiben zu dürfen und seinen *»Dienst für die Partei«* auf seine ihm noch fehlende Ausbildungszeit wenigstens teilweise anzurechnen. Obergruppenführer Dr. Ketterer, Uralt-Parteigenosse und einer der höchsten SA-Führer, wies in seinem Schreiben ganz besonders darauf hin, daß die Arbeit seines Schwiegersohns Schleyer, *»deren Bedeutung auf politischem und völkischem Gebiet gerade im Protektorat nicht hoch genug eingeschätzt werden kann«*, eine Ausnahmeregelung unbedingt erforderlich mache, *»denn damit sind schwerwiegende Parteiinteressen gegeben«*.

Mit diesen geheimnisvollen Andeutungen des Alt-Pg. Dr. med. Ketterer, SA-Obergruppenführer in der Obersten SA-Führung, wäre die weitere Parteiarbeit des SS-Führers und Reichsstudentenwerks-Amtsleiters Dr. Schleyer in Prag sicherlich gewährleistet gewesen. Doch Hanns Martin Schleyer hatte in Prag bereits eine neue, nunmehr »kriegswichtige‹ Aufgabe gefunden: Er wurde Chef des Präsidialbüros im ›Zentralverband der Industrie für Böhmen und Mähren‹, zuständig für die Mobilisierung des gesamten tschechoslowakischen Industriepotentials im Interesse der deutschen Rüstung.

In dieser wichtigen Stellung blieb Dr. Schleyer bis zum beinahe letzten Augenblick in Prag; erst wenige Tage vor der Eroberung der Stadt durch die Rote Armee setzte er sich ab und fuhr mit einem der letzten Transporte ›heim ins Reich‹. Dort kam er jedoch schon sehr bald unter sogenannten ›automatischen Arrest‹ und wurde als SS-Führer mit langjährigen besonderen Aufgaben im Hochschulbereich und in der Kriegswirtschaft rund drei Jahre von den Alliierten gefangengehalten. Dann aber, nach einer kurzen, für den Regierungsreferendar a. D. mit abgebrochener Ausbildung sicherlich schwierigen Übergangszeit, begann schon 1951 Dr. Schleyers unaufhaltsa-

mer Aufstieg bei der Daimler-Benz AG, wo er es binnen acht Jahren zum zunächst stellvertretenden, nach weiteren vier Jahren zum ordentlichen Vorstandsmitglied dieses Weltkonzerns brachte. (Übrigens, Daimler-Benz-Generaldirektor, ehemaliger SA-Obersturmführer Dr. Joachim Zahn, ist ein noch älterer »Alter Kämpfer« der Nazi-Partei – Mitgliedsnummer 350194 – als Schleyer.)
Daneben profilierte sich Dr. Schleyer als sehr energischer Vertreter der Unternehmerinteressen, erst im Bereich der Metallindustrie Baden-Württembergs, dann im Landesverband und bei ›Gesamtmetall‹ und schließlich bei der Bundesvereinigung der deutschen Arbeitgeberverbände (BDA), deren Präsident er seit 1973 ist. Außerdem wurden ihm zahlreiche wichtige Aufsichtsratsmandate zuteil, und seit 1976 hat er, zusätzlich zum Amt des BDA-Präsidenten, auch noch den höchsten Kommandoposten der bundesdeutschen Wirtschaft, den Vorsitz im Präsidium des Bundesverbands der Deutschen Industrie (BDI), übernommen.
Von den vielen Ämtern und Mandaten des Dr. Hanns Martin Schleyer ist jedoch für uns nur eins von besonderem Interesse, nämlich sein stellvertretender Aufsichtsratsvorsitz bei einem Konzern mit Sitz im pfälzischen Frankenthal: bei der ›PEGULAN AG‹ des Konsuls Dr. Fritz Ries. Dabei ist anzumerken, daß es sich hier um keine rein zufällige oder nur geschäftliche Verbindung handelt, die den Kohl-Förderer, Arbeitgeber des Dr. Taubert und Partner der Ehefrau des Franz Josef Strauß mit dem ›Boss der Bosse‹, Doppelpräsident Schleyer, bei ›PEGULAN‹ zusammengeführt hat. Vielmehr sind die Herren Dr. Ries und Dr. Schleyer seit mehr als vier

Jahrzehnten miteinander bestens bekannt; sie sind alte Studienfreunde und Korpsbrüder, ja, der junge stud. jur. (und SS-Führer) Schleyer war bei der Heidelberger ›Suevia‹ noch für kurze Zeit der ›Leibfuchs‹ des Assessors Dr. Ries, ehe das Korporationswesen unter dem Druck der Monopolansprüche stellenden SS zum Erliegen kam (wobei jedoch nicht wenige Korpsstudenten dann in den SD- und Gestapo-Dienst übernommen wurden!).

Und dieser Umstand wirft nun die Frage auf, mit welchem Werdegang der Schleyer-Intimus Dr. Ries zum Konzern- und Schloßherrn, langjährigen Förderer eines CDU/CSU-Kanzlerkandidaten und Partner der Ehefrau von dessen Rivalen aufgestiegen ist.

6 Wer ist Fritz Ries?

Konsul Dr. Fritz Ries, der Mann, bei dem so viele Fäden zusammenlaufen, hat sich und seinen Werdegang im neuesten *»Wer ist wer?«* nur recht kurz und ungewöhnlich bescheiden beschrieben. Der Eintrag lautet:

»RIES, Fritz, Dr. jur., Konsul, Vorstandsvorsitzender der Pegulan-Werke AG (Gründer und Mehrheitsaktionär) in 6710 Frankenthal/Pfalz. – Geboren 4. Februar 1907 in Saarbrücken (Vater: Karl Ries; Mutter: Johanna geb. Schmelzer); verheiratet seit 1949 mit Dora geb. Abitsch. – Große juristische Staatsprüfung. – 1934ff. persönlich haftender Gesellschafter der Flügel & Polter KG, Leipzig; Ehrenvorsitzender des Verbands der Deutschen Bodenbelags-, Kunststoff-Folien- und Beschichtungsindustrie, Frankfurt/Main; Aufsichtsratsvorsitzender der Badischen Plastic-Werke, Bötzingen; Beiratsmitglied der Commerzbank AG, Frankfurt/Main; Marokkanischer Honorarkonsul für Hessen und Rheinland-Pfalz; 1967 Großes Bundesverdienstkreuz, 1972 Stern dazu.«

Diese Informationen bedürfen indessen dringend einiger Ergänzungen, wobei eines vorweggenommen sein soll: Im Gegensatz zu den Herren Dr. Taubert, Siegfried

Zoglmann und Hanns Martin Schleyer war Konsul Ries kein fanatischer ›Alter Kämpfer‹ der Hitlerbewegung vor 1933, sondern trat der NSDAP erst nach deren Machtübernahme bei, wie Millionen andere Mitläufer. Doch dann – aber wir wollen lieber chronologisch vorgehen:*

Fritz Karl Ries, am 4. Februar 1907 in Saarbrücken geboren, war der Sohn des Inhabers einer renommierten Möbelhandlung. Nach dem Abitur begann er ein Studium der Rechtswissenschaft an den Universitäten Köln und Heidelberg, trat der schlagenden Verbindung ›Suevia‹ bei und holte sich bei Mensuren die ihm für seinen weiteren Werdegang als Akademiker erforderlich erscheinenden ›Schmisse‹, forderte auch noch – unmittelbar vor dem Verbot solcher Veranstaltungen – einen ihn an seiner empfindlichen Ehre verletzt habenden Kommilitonen auf Pistolen – wobei ihm sein Leibfuchs, Hanns Martin Schleyer, die Waffen zum Kampfplatz trug – und promovierte nach bestandenem Assessorexamen und Eintritt in die Nazi-Partei Anfang 1934 zum Dr. jur.

Noch im selben Jahr wurde der 27jährige Assessor Dr. Ries selbständiger Unternehmer: Er erwarb die Firma Flügel & Polter in Leipzig und fungierte als deren alleiniger geschäftsführender Gesellschafter. Auch heiratete Dr. Ries nun die Tochter des Rheydter Zahnarztes Phi-

* Es handelt sich bei den Dr. Fritz Ries betreffenden biografischen Angaben um eine Zusammenfassung der in dem Tatsachenroman von Bernt Engelmann, »Großes Bundesverdienstkreuz« (Autoren Edition, 1974; rororo Nr. 1924, 1976), enthaltenen Feststellungen sowie um wesentliche Ergänzungen aufgrund der seitdem noch aufgefundenen Dokumente.

lipp Heinemann, und sein Schwiegervater beteiligte sich am Geschäft mit einer namhaften Summe. In den folgenden Jahren entwickelte Dr. Fritz Ries – wie er selbst in einem Schreiben an eine hohe Parteidienststelle ohne falsche Bescheidenheit anführte – *»eine außerordentliche unternehmerische Aktivität«*. Er machte aus dem 120-Mann-Betrieb zur Herstellung von Gummiartikeln in wenigen Jahren einen mittleren Konzern, der bald mit einigen seiner Spezialprodukte branchenführend war.
Bei den Tochterfirmen, die er der Firma Flügel & Polter verschaffte, handelte es sich zwar nicht ausschließlich um zuvor in jüdischem Besitz befindliche Unternehmen, doch waren die zahlreichen sogenannten ›Arisierungen‹ ausschlaggebend für seinen ungewöhnlichen Erfolg. Durch die judenfeindliche Politik der Nazis waren die bisherigen Inhaber gezwungen, ihre Betriebe weit unter dem wahren Wert und zu demütigenden Bedingungen zu verkaufen.
Neben kleineren und größeren jüdischen Unternehmen erwarb Dr. Fritz Ries im Jahre 1938, als die judenfeindlichen Maßnahmen noch rigoroser geworden waren, auch die »Mitteldeutsche Gummi- und Guttapercha-Gesellschaft Edelmuth & Co« in Frankfurt am Main. Diese Transaktion wurde allen Geschäftsfreunden mit einem Rundschreiben mitgeteilt, wobei in der linken oberen Ecke des Briefbogens eine Präservativ-Schachtel der Marke ›MIGUIN‹ abgebildet war; sie trug den stolzen Aufdruck: *»Jetzt arisch!«* Der Text des Schreibens lautete:
»Sehr geehrter Geschäftsfreund!
Hierdurch teilen wir Ihnen höflich mit, daß unsere Firma

auf Grund des Genehmigungsbescheides des Herrn Regierungspräsidenten in Wiesbaden vom 1. Mai 1938 in den Besitz der arischen Firma ›Hevea Gummiwarenfabrik GmbH‹ in Finsterwalde, Sitz in Leipzig, übergegangen ist. Die Geschäftsleitung der bisherigen Gesellschafter ist erloschen. Unsere Firma wird demnächst ihren Sitz verlegen und dann den kürzeren Namen ›MIGUIN Gummiwaren GmbH‹ erhalten. Nähere Einzelheiten werden wir Ihnen noch rechtzeitig bekanntgeben. Als neuer Geschäftsführer zeichnet Dr. Fritz Ries, Leipzig ...«

Sodann wurde in diesem Rundschreiben den geehrten Geschäftsfreunden noch mitgeteilt, daß sie weiterhin die Gewähr hätten, *»immer nur die bekannten vorzüglichen ›MIGUIN‹-Qualitäten zu erhalten, schon allein deshalb, weil die jetzige Inhaberin unseres Unternehmens* – also die ›Hevea‹ – *bisher die alleinige Herstellerfirma unserer hygienischen Gummiwaren gewesen ist. Heil Hitler!«*

Dr. Ries hatte also durch die von ihm zuvor erworbene Präservativfabrik ›Hevea‹ kurzerhand deren Hauptabnehmer, die in jüdischem Besitz gewesene Markenartikel-Vertriebsfirma ›MIGUIN‹, ›arisieren‹ lassen, und zwar – wie sich aus dem erhalten gebliebenen Briefwechsel ergibt, auf besonders brutale Weise. Damit und mit weiteren bedeutenden Präservativmarken, zum Beispiel ›Rotpunkt‹, wurde er zum großdeutschen Branchenführer. Anzumerken wäre noch, daß Dr. Ries für seine rüde, bald auch im gerade dem Reich ›angeschlossenen‹ Österreich praktizierte ›Arisierungs‹politik die erforderliche Rückendeckung gehabt zu haben scheint. Dafür spre-

chen nicht nur Geschäftsunterlagen, worin die *»Unterstützung durch die NSDAP-Kreisleitung«* ausdrücklich hervorgehoben wird, sondern auch ein Dokument besonderer Art:
Mit Datum vom 15. Mai 1936 hatte nämlich das Polizeipräsidium Leipzig dem *»Herrn Präsidenten des Geheimen Staatspolizeiamtes Sachsen III in Dresden«* gemeldet, daß der *»Fabrikant Dr. Fritz Karl Ries, geboren am 4. Februar 1907 zu Saarbrücken, Reichsdeutscher, evangelisch-lutherisch, verheiratet und in Leipzig N 22, Lenaustr. 3, wohnhaft . . ., politisch einwandfrei und zuverlässig«*, zudem Parteigenosse sei und daher *»die Eignung als Vertrauensmann für besondere Angelegenheiten«* besitze. Dieses als *»streng vertraulich«* gekennzeichnete Schreiben mit dem Aktenzeichen St. A. Dr. 700/34/36 hatte dann am 20. Juni 1936 im Präsidium des Geheimen Staatspolizeiamts Dresden den handschriftlichen Vermerk erhalten: *»Dr. Ries als V-Mann vorsehen!«*

Vom Herbst 1939 an, also gleich nach dem Ausbruch des Zweiten Weltkriegs, *»wurden alle Konzernbetriebe* – so heißt es in einem Bericht des dienstältesten Flügel & Polter-Prokuristen Arno Bückert – *auf den Kriegsbedarf der Wehrmacht umgestellt und stark erweitert. Die Beschäftigtenzahl stieg bis Anfang 1941 auf 1200. Der Konzernumsatz – 1934 knapp 500000 Reichsmark – schnellte empor auf 10,86 Millionen RM . . .«*
Umsätze und Beschäftigtenzahl stiegen aber bald noch weit höher an, denn von 1941 an dehnte Dr. Fritz Ries seinen Gummikonzern auch auf die annektierten polnischen Gebiete aus. Sein neuer Manager, der ihn bei den

erforderlichen Verhandlungen, speziell mit den Beauftragten der zuständigen Reichstreuhandstelle Ost, äußerst energisch und in beeindruckender SS-Uniform unterstützte, war der Standartenführer im Sicherheitsdienst (SD) Herbert Packebusch. An sein anmaßendes und brutales Auftreten erinnern sich ehemalige Angehörige der Reichstreuhandstelle Ost noch heute, nach 35 Jahren, mit plastischer Deutlichkeit.

Packebusch, nach dem übrigens die Staatsanwaltschaft Kiel wegen dringenden Verdachts des Mordes in sehr zahlreichen Fällen seit Jahren fahndet, gehörte seit 1928 der NSDAP, seit 1931 der SS und seit 1937 auch dem Sicherheitsdienst (SD) an. 1942, als er bereits als Direktor in den Diensten des Dr. Ries stand, wurde er *»für Verdienste bei den Einsatzgruppen in den ehemals polnischen Gebieten«* mit dem Kriegsverdienstkreuz 2. Klasse ausgezeichnet – ein recht bescheidener Lohn, wenn man bedenkt, wie gründlich diese Mordkommandos die Ausrottung der polnischen Intelligenz betrieben hatten.

Auch Konzernchef Dr. Fritz Ries erhielt 1942 das Kriegsverdienstkreuz 2. Klasse, er jedoch nur in Anerkennung seiner hervorragenden Leistungen als Lieferant von Wehrmachtbedarf. Diese tatsächlich ganz enormen Leistungen waren indessen nicht von Dr. Fritz Ries allein erbracht worden:

So beschäftigte er beispielsweise, allein bei den von ihm ›übernommenen‹ Betrieben der ›Oberschlesischen Gummiwerke‹ in Trzebinia (Westgalizien), laut einer ›Gefolgschaftsübersicht‹ vom 30. 6. 1942, insgesamt 2653 jüdische Zwangsarbeiter, davon 2160 Frauen und Mädchen. Vornehmlich mit deren Hilfe, sprich: rücksichtsloser

Ausbeutung, stieg der Umsatz in Trzebinia von 101 861 RM im Dezember 1941 auf 1 300 619 RM im April 1942, also um mehr als das Zwölffache!

»Diese rapide Steigerung ist auf SS-Wehrmachtsaufträge zurückzuführen«, heißt es dazu im Gesellschaftsbericht vom 8. Juni 1942 mit verhaltenem Stolz.

Nicht diesem Bericht, jedoch einem Protokoll des Zweigbetriebs der ›Oberschlesischen Gummiwerke‹ in Wadowitz ist zu entnehmen, auf welche fürchterliche Weise diese enormen Umsatzsteigerungen erzielt wurden. Das von dem Zweigbetriebsleiter Bilke unterschriebene und in einem Deutsch, das Rückschlüsse auf die Mentalität und den Bildungsstand des von Dr. Ries eingesetzten Aufsichtspersonals zuläßt, abgefaßte Protokoll lautet*:

»Vom 21. bis 23. 8. 1942 ließ ich probeweise eine Arbeitszeit von drei Schichten à 8 Stunden laufen. Die praktische Arbeit hat ergeben, daß mit den vorhandenen Kräften, aus welche wir die 3. Schicht bildeten, aus Kindern und Jugendlichen zusammengestellt war, infolgedessen wurde keine wesentliche Leistung erzielt ... In der Erkenntnis der Sachlage ließ ich sofort zwei Schichten à zehn Stunden anlaufen. Die Arbeitszeit läuft jetzt von 6 Uhr früh bis 4 Uhr nachmittags und von 4 Uhr nachmittags bis 2 Uhr nachts; die restliche Zeit ... gestattet uns die einmalige Gelegenheit zum reinigen der Säle, es war nicht möglich, die Säle während der Arbeit ohne wesentliche Unterbrechung zu reinigen.

Die sich jetzt ergebende Leistungsziffer hat gezeigt, daß in der Näherei weiterhin noch bessere Ergebnisse zu

* Hervorhebungen sind im Original nicht enthalten.

erwarten sind. Um den verlangten Satz zu erreichen, lasse ich die Arbeiter hintereinander bis zu 14 Stunden an ihren Platz sein um sie durch diese Maßnahme an schnelleres Arbeiten zu gewöhnen.«

Wie es bei den ›Oberschlesischen Gummiwerken‹ in Trzebinia und in deren Zweigbetrieben zuging, ist aus einer Reihe von Aktennotizen zu entnehmen – wenngleich nur in schwachen Umrissen, denn das ganze Elend der Frauen und Mädchen sowie der Kinder und der wenigen noch nicht ermordeten Männer wird darin natürlich nicht beschrieben.

So geht aus einer Notiz vom 15. Juli 1942 hervor, daß der jüdische Belegschaftsarzt Dr. Ritter bei dem – später von Dr. Ries gefeuerten und der ›Judenfreundlichkeit‹ beschuldigten – Direktor Kotzam vorstellig geworden war. Er hatte dringend um sofortige Entleerung der Klosettanlagen gebeten, ferner um Chlorkalk zum Streuen, *»damit die Fliegenplage beseitigt wird«*. Sodann war von dem Arzt ›angeregt‹ worden, für andere Garderoberäume zu sorgen, weil die derzeitigen *»Brutstätten für Ungeziefer«* bildeten. Und schließlich bat der Arzt, in den Zweigbetrieben jeweils *»eine jüdische Sanitäterin, zumindest für die Nachtschicht, einsetzen zu dürfen, da besonders in der Nachtschicht infolge Übermüdungserscheinungen Fingerdurchstiche häufig vorkommen.«*

Herr Dr. Ries und seine leitenden Mitarbeiter hatten jedoch gänzlich andere Sorgen: *»Die Lieferungen aus Wadowitz lassen stückzahlmäßig noch viel zu wünschen übrig«*, heißt es da beispielsweise in einer Aktennotiz der Direktion vom 17. Juli 1942. Und weiter ist da festgehalten: *»Wir haben den Arbeitskräften in der Sammelwerk-*

statt im einzelnen erklärt, daß die Arbeitsleistung in den nächsten Tagen wesentlich gesteigert werden muß, da wir sonst annehmen, daß die Arbeit s a b o t i e r t wird.«
Das war nach Lage der Dinge eine klare Morddrohung, denn die Arbeitssklaven wußten ebenso wie ihre Ausbeuter, daß eine Meldung über nachlassende Leistung oder gar Sabotage ihre sofortige *»Umsiedlung«* (in das knapp 20 Kilometer entfernte Konzentrationslager Auschwitz) und den sicheren Tod bedeutete.
Die Antreiberei nahm in den folgenden Wochen immer schärfere Formen an. In einem Bericht des Nebenstellenleiters Bilke – mit dem Konsul Dr. Ries, wie er heute behauptet, nie etwas zu tun gehabt hat, dem er aber laut Aktennotiz der Direktion vom 12. Juni 1945 noch kurz nach dem Ende des Krieges in Anerkennung der besonderen Verdienste dieses Sklaventreibers ein Auto für nahezu wertlose 1000 RM überließ – wird ausgeführt:
». . . gab ich also zu verstehen, daß Nähsäle, sowie Ausfertigungsräume, täglich ein ganz bestimmtes Pensum leisten müssen. Anschließend begab ich mich in die Säle und sprach einige Minuten zu den Arbeitern. Ich gab dabei allen bekannt, daß wir die laut Anschlag festgesetzten Leistungsziffern in der Anfertigung von Blusen herausbekommen müssen. Ich wies dabei energisch darauf hin, daß alles Unterhalten der Arbeiter gegenseitig bei der Arbeit unterbleiben müsse.
Wadowitz, 3. September 1942 *gez. Bilke«*

Bei der Direktion der ›Oberschlesischen Gummiwerke‹ war man sehr zufrieden mit dem Geschäftsverlauf. Im Protokoll einer Sitzung der Konzernspitze in Leipzig am

8. Juni 1942 war bezüglich der Situation bei den ›Oberschlesischen Gummiwerken‹ festgehalten worden:
»Die Rentabilität der Firma ist aufgrund der jetzt vorliegenden monatlichen Umsätze gesichert ... Preislich liegen wir in allen Artikeln sehr günstig, da die Löhne in Trzebinia erheblich niedriger sind als diejenigen in allen anderen zu Flügel & Polter gehörigen Fabriken. Die Leistungsfähigkeit der dortigen Arbeiter ist gut. Die zur Verfügung stehenden Fabrikationsräume sind teilweise modern, teilweise haben wir sie nach heutigen Gesichtspunkten umgebaut ... Die Aussichten sind nach dem derzeitigen Stand als günstig zu bezeichnen.«
Aber natürlich war man dennoch bemüht, den aus der Sklavenarbeit gezogenen Profit noch zu vergrößern. Man stellte Berechnungen an, die ergaben, daß die jüdischen Zwangsarbeiterinnen und -arbeiter auf einen durchschnittlichen Stundenlohn von 36 Pfennig kamen – viel zu viel, wie man fand. Daraufhin setzte Dr. Ries seinen Mitarbeiter Kolbe in Marsch, und die Direktion hielt in einer Aktennotiz vom 4. November 1942 fest, welchen Auftrag Herr Kolbe hatte:
»Betr. Mindestlohn bei jüdischen Arbeitern.
... teilt Herr Kolbe mit, daß er mit dem Sonderbeauftragten des Reichsführers SS Verhandlungen zur Ermäßigung des Mindestlohnes führen will.
Frist zur Überwachung dieser Arbeit: 15. November 1942.«

Zum Leidwesen des Flügel & Polter-Konzerns und seines Chefs, Dr. Fritz Ries, verminderte sich jedoch die Anzahl der den ›Oberschlesischen Gummiwerken‹ in

Trzebinia und ihren Nebenbetrieben zur Verfügung stehenden jüdischen Zwangsarbeiter mehr und mehr, denn sie wurden in immer stärkerem Maße *»umgesiedelt«*, zuerst die Arbeitsunfähigen, einzeln und in Gruppen, dann ohne Rücksicht auf ihre noch gute Brauchbarkeit für den Ries-Konzern. So mußte Herr Neumann von der Gefolgsschaftsabteilung der ›Oberschlesischen Gummiwerke‹ am 18. Februar 1943 dem Vorstand melden:
»Am 18. Februar 1943 wurde der Werkschutz in Trzebinia vom Werkschutz der Nebenstelle Krenau davon in Kenntnis gesetzt, daß seit 5 Uhr morgens in Krenau eine Judenaktion gestartet ist. Herr Direktor Meyer erschien gegen 8 Uhr, und wir fuhren gemeinsam mit dem Fiaker nach Krenau. Auf dem Ring in Krenau waren versammelt: SS-Hauptsturmführer Lindner vom SS-Sonderbeauftragten für fremdvölkischen Arbeitseinsatz, Kommissar Dreier von der Geheimen Staatspolizei Kattowitz, Polizeileutnant Schindler von der Ortspolizeibehörde Krenau und viele andere Herren. Es wurde uns eröffnet, daß Krenau ab sofort judenfrei gemacht wird ... Durch diese Aktion verloren wir schlagartig 1777 jüdische Arbeitskräfte; es verbleiben uns nur 849 jüdische Arbeitskräfte in Wadowitz. Der derzeitige Gefolgschaftsstand ist demnach insgesamt 2104 gegen früher 3881 ...«
Der tüchtige Herr Neumann hatte indessen schon gut vorgesorgt für den Fall, daß sich – wie es im Frühsommer 1943 dann tatsächlich geschah – der jüdische ›Gefolgschaftsstand‹ auf Null vermindern sollte. Bereits in der zweiten Juliwoche 1942 hatte er – wie einem Bericht vom 10. 7. 1942 zu entnehmen ist – den Einfall gehabt, aus der durch die Juden-Evakuierungen entstandenen Not eine

Tugend zu machen, zumindest für das Ries-Unternehmen. Seine Überlegungen gingen davon aus, daß schon jetzt die Umsätze gefährdet waren; daß durch den Abtransport der *›Umsiedler‹* wertvolle, noch keineswegs völlig verbrauchte Arbeitskräfte verlorengingen und daß durch die Zerreißung der Familien auch die Leistung der Zurückgebliebenen, meist Frauen und Mädchen, rapide sank, was wohl psychische Gründe haben mußte. Und da am Ende sicherlich auch diese letzten Fachkräfte *›umgesiedelt‹* werden würden – zwecks späterer Ermordung, wie man inzwischen wußte –, galt es Vorsorge für den Konzern zu treffen. Da hatte nun der treffliche Ries-Mitarbeiter Dr. Neumann die Idee, die ins Lager Auschwitz abtransportierten und dort auf ihre schließliche Ermordung wartenden Juden nicht unproduktiv im KZ herumsitzen zu lassen; ihre Wartezeit auf den Tod ließ sich ja mit dem Ries-Konzern Nutzen bringender Arbeit füllen! Und so meldete er der Direktion in seinem *»Bericht über die Verwaltungsarbeit«* am 10. 7. 1942:

»Mit dem Rüstungskommando (Kapitän Beyerle) wurde am 7. 7. 1942 das Konzentrationslager in Auschwitz besichtigt zwecks Errichtung einer Großnebenstelle. Schwierigkeiten zur Errichtung einer solchen in großem Umfang bestehen nicht, da durch Erstellung von Baracken entsprechende Arbeitsräume geschaffen werden können. Das Rüstungskommando sagte zu, bei der Beschaffung dieser Räume weitgehendste Unterstützung zuteil werden zu lassen. Es stehen in Kürze etwa 3000 bis 5000 weibliche Arbeitskräfte zur Verfügung.

Nach Rücksprache mit Herrn Merin, der die Errichtung einer Nebenstelle im Lager Auschwitz begrüßt, wurden sofort 200 Nähmaschinen zur Verfügung gestellt. Die endgültige Entscheidung über die Errichtung einer Nebenstelle in Auschwitz ist noch nicht gefallen.«

Zu den ersten 200 Nähmaschinen kamen noch viele weitere, wobei anzumerken ist, daß sie bei jüdischen Handwerkern und Heimarbeitern von der SS *›beschlagnahmt‹* und dem Ries-Konzern überlassen worden waren.

Ob und in welchem Umfang die im KZ Auschwitz bereitgestellten Nähmaschinen dann auch für Dr. Fritz Ries, den heutigen ›Pegulan‹-Konzernherrn und Ehren-Konsul, zu profitablem Einsatz kamen, ließ sich bislang noch nicht dokumentarisch klären; die SS hat bekanntlich bei Räumung der Konzentrationslager die meisten damals vorhandenen Unterlagen vernichtet.

Aber kürzlich fand sich in dem noch ziemlich vollständig erhalten gebliebenen Archiv der Ries-Stammfirma Flügel & Polter in Leipzig ein bedeutungsvoller Aktenvermerk vom 19. August 1943, abgezeichnet von dem damaligen Ries-Mitarbeiter (und heutigen Oberkreisdirektor des Landkreises Stade) Tassilo von der Decken. Darin heißt es:

»In der letzten Postbesprechung mit Herrn Dr. Ries kam zum Ausdruck, daß die Gefahr bestünde, daß von uns nach Auschwitz gemeldete Kräfte nicht wieder zurückkommen... Sind uns bereits derartige Fälle vorgekommen?«

Die Antwort auf diese düstere Frage findet sich handschriftlich am Rand: *»Ja«*.

Es versteht sich fast von selbst, daß auch bei der Versteigerung des Hausrats der verschleppten und ermordeten Juden, der Ries-Konzern sofort zur Stelle war und alle

Konkurrenz aus dem Felde schlug, sogar die eigenen deutschen Angestellten von jedem Anteil an der Beute ausschloß und gar nicht genug zusammenraffen konnte. Eine Aktennotiz der Abteilung Einkauf vom 15. Juli 1942 gibt darüber Auskunft:

»In den nächsten Tagen finden in Jaworzno und Wadowitz Auktionen von jüdischen Wohnungseinrichtungen und Einzelmöbelstücken statt. Es ist den Gefolgschaftsmitgliedern untersagt, von sich aus auf den Auktionen vorzusprechen, da die Gummiwerke geschlossen zwecks Erwerb dieser Möbel – eventuell alles, wie es liegt und steht – an den Bürgermeister von Jaworzno bzw. Wadowitz herantreten.

Ich bitte, sofort die nötigen Schritte bei den Amtskommissionen von Jaworzno bzw. Wadowitz einzuleiten. Benötigt werden: Schlaf-, Wohn-, Speise- und Herrenzimmer, Schränke aller Art, Waschkommoden, Waschgeschirr, Eimer, Auflegematratzen, Decken usw.«, kurz, die gesamte Habe derer, die man gerade ins Vernichtungslager *›umgesiedelt‹* hatte.

Solcher Erwerb jüdischen Wohnungsinventars zu Schleuderpreisen wurde, nicht allein in Jaworzno und Wadowitz, sondern in allen Städten und Dörfern rings um Trzebinia, so systematisch betrieben, daß *»Judenmöbel«* schließlich einen eigenen Posten in der Bilanz der ›Oberschlesischen Gummiwerke‹ ausmachten. Möbel füllten dann auch in Massen die Versandlisten der ›Verlagerungstransporte‹ ›heim ins Reich‹, doch davon später.

Insgesamt konnte 1942 der Konzernumsatz gegenüber dem Vorjahr nochmals fast verdoppelt werden; er stieg, vornehmlich dank der billigen Arbeitskräfte im Bereich

von Trzebinia, auf rund 20 Millionen Reichsmark.
Auch war Herrn Dr. Fritz Ries inzwischen ein weiteres Großunternehmen im annektierten polnischen Gebiet zugefallen. Wiederum unter Einschaltung des bewährten SS-Standartenführers und Konzerndirektors Herbert Packebusch hatte der Ries-Konzern die früher in jüdischem Besitz gewesenen ›Gentleman-Gummiwerke‹ in Lodz zu einem Spottpreis erwerben können; allein der Buchwert einiger dort übernommener Maschinen war beträchtlich höher als der Gesamtkaufpreis. Mit Hilfe ungewöhnlich günstiger Kredite und ›Aufbaudarlehen‹ konnte alles bezahlt werden, ohne daß der Flügel & Polter-Konzern nennenswert belastet wurde.
Zu diesem so außerordentlich vorteilhaften ›arisierten‹ Großbetrieb in Lodz, der fortan ›Gummiwerke Wartheland‹ in Litzmannstadt genannt wurde, gehörten 23 000 qm Grundstücke mit Gleisanschluß, davon knapp die Hälfte bebaut, unter anderem mit einer neuen, 5000 qm großen Fabrikationshalle, ferner ein Maschinenpark, der 15 Walzwerke, sechs Kalander, einen Riesenkneter im Neuwert von 350 000 Zloty (= 175 000 Reichsmark), vier Streichmaschinen nebst Antriebsmotoren und zwanzig Pressen zur Herstellung von Autoreifen sowie von monatlich 15 000 Paar Schuhen umfaßte, alles in betriebsfertigem Zustand, dazu eine fast neue, von der Danziger Werft erbaute hochmoderne Kraftanlage.
Auch an Arbeitskräften mangelte es in Lodz nicht: *»Für die Lösung der Arbeiterfrage sehen wir keine Gefahr. Zunächst werden fünf- bis sechshundert, später etwa tausend Gefolgschaftsmitglieder benötigt werden. Dank unserer Verbindungen hoffen wir, uns die erforderliche*

Anzahl mit Leichtigkeit verschaffen zu können«, heißt es im Geschäftsbericht.
Tatsächlich verfügten die ›Gummiwerke Wartheland‹ schon zwei Monate nach Betriebsbeginn über fast zweitausend Beschäftigte, beinahe ausschließlich, bis auf das Wach- und Aufsichtspersonal, polnische Männer und Frauen. Und hinzu kamen noch die im Getto internierten Juden, die für das Werk zu einem äußerst niedrigen Stücklohn arbeiteten.
Auch bei den ›Oberschlesischen Gummiwerken‹ in Trzebinia und in deren Zweigbetrieben wurden vom Herbst 1942 an, in Ermanglung der nun restlos *»ausgesiedelten«* Juden, hauptsächlich polnische Mädchen und Frauen beschäftigt. Wie ihre Lebens- und Arbeitsbedingungen waren – und die der im Leipziger Stammwerk verwendeten ausländischen Zwangsarbeiter – dafür einige Beispiele: Im Stammbetrieb Flügel & Polter in Leipzig waren verschleppte ukrainische Mädchen *»in schwerster Männerarbeit eingesetzt«*, wie es in einem Bericht der Firma an das Arbeitsamt Leipzig vom 15. Mai 1943 heißt. Sodann wurden dort auch tschechische Zwangsarbeiter beschäftigt. Als einige von ihnen der Fron bei Flügel & Polter – von den Arbeitern heimlich umbenannt in *›Prügel & Polter‹* – zu entfliehen versucht hatten, wurde die Gestapo-Leitstelle Prag eingeschaltet. Übrigens, auch in Trzebinia drohte man den polnischen Arbeitskräften ständig mit der Gestapo:
»Wer unentschuldigt von seiner Arbeitsstätte fernbleibt, wird wegen Arbeitsbummelei und Arbeitssabotage der Geheimen Staatspolizei angezeigt und hat schärfste Bestrafung zu gewärtigen«, lautete eine Anweisung des Di-

rektionsassistenten Dr. Neumann vom 2. Juni 1943, die zweisprachig zum Aushang kam. Ein anderer Aushang, vom 16. Juni 1943, verkündete:
»*Laut Anweisung des Arbeitsamts werden alle weiblichen Kräfte der Näherei, Kleberei, Zuschneiderei und Einrichtung, die auswärts wohnen und täglich die Reichsbahn zur An- und Abfahrt zum Werk benutzen, aufgefordert, ihre Unterkunft nach dem Arbeitslager zu verlegen.*« Was dies für die Arbeiterinnen in der Praxis bedeutete, läßt sich nur ahnen.
Nebenbei bemerkt, es wurden auch deutsche Gefolgschaftsmitglieder bespitzelt und ›vertraulich‹ gemeldet, weil sie den polnischen katholischen Gottesdienst besucht hatten! Und schließlich ging die Brutalität im Ries-Konzern so weit, daß die polnischen Arbeitskräfte, zumeist junge Frauen und Mädchen, nicht nur nach beendeter Schicht in einem Barackenlager unter Aufsicht gestellt, sondern auch während der Arbeitszeit im Saal eingeschlossen und nach Schluß der Arbeit durchsucht wurden.
Diese Anordnung hatte, nebenbei bemerkt, bereits ein neuer, erst in der zweiten Hälfte des Jahres 1944 eingestellter Direktor getroffen, der auch am 30. Oktober 1944 befahl und in einer Aktennotiz festhielt, daß jeder »*Mitarbeiter*«, der mehr als einmal an seinem Arbeitsplatz unentschuldigt fehlte, zur »*außerbetrieblichen Bestrafung*« – durch die Gestapo – zu bringen sei.
Zu dieser Zeit war die »*Verlagerung*«, das heißt: der Abtransport nicht nur von Fertigware, sondern auch von Rohstoffen, Halbfabrikaten, Maschinen und Mobiliar, zunächst in sogenannte Auffanglager bei Freienwalde an der Oder und im Raum Leipzig, dann weiter nach Westen

bereits in vollem Gange, und der neue Direktor erwarb sich auch dabei durch Umsicht, Schneidigkeit und Härte große Verdienste um die Rettung des zusammengeraubten Konzernvermögens vor den näherrückenden sowjetischen Truppen. Der Name des neuen Mannes, der ein »Alter Kämpfer« der Nazipartei und zuletzt Leiter einer Dienststelle in Krakau gewesen war, soll hier nicht verschwiegen werden. Es handelte sich um Artur Missbach, geboren am 21. September 1911 in Radebeul bei Dresden, und es wird von ihm als späterem CDU-Bundestagsabgeordneten und Herausgeber von *»Vertraulichen Mitteilungen aus Politik und Wirtschaft«* noch ausführlich die Rede sein.

Doch verweilen wir zunächst noch bei Dr. Fritz Ries, dem Chef des Flügel & Polter-Konzerns, und bei der Heimschaffung der polnischen Beute im Winter 1944/45. Denn diese Beute war und blieb natürlich das Allerwichtigste für einen Unternehmer vom Schlage des Dr. Fritz Ries, der seine fleißigen *»fremdvölkischen Mitarbeiterinnen und Mitarbeiter«* ja keineswegs aus Haß, Grausamkeit und ideologischer Verblendung bis zum Umfallen hatte schuften lassen, sondern nur, damit die Kasse stimmte. Und was hätten ihm volle Kassen sowie Unmengen von kostbaren Rohstoffen und Fertigwaren genützt, wenn sie der schon sehr nahegerückten Roten Armee in die Hände gefallen wären?

Nein, Herr Dr. Ries wollte natürlich durch den sich im Winter 1944/45 bereits an allen Fronten abzeichnenden Untergang des Nazi-Reiches persönlich keinen Schaden erleiden. Vielmehr wünschte er, sich selbst und die reiche Beute von Lodz und Trzebinia sowie der vielen kostengünstigen Nebenbetriebe im Bereich von Auschwitz der Nachwelt zu erhalten. Die in bessere Zeiten und sicherere Gegenden hinübergeretteten Barmittel und Sachwerte sollten ihm einen kraftvollen unternehmerischen Neubeginn ermöglichen.

Nur deshalb wandte sich Dr. Ries nun an den Berliner Fischgroßhändler Renziehausen, und dieser beschaffte ihm gegen eine Vermittlungsgebühr von je 1000 RM eine Vielzahl von Eisenbahnwaggons, die damals streng bewirtschaftet waren, weil sie für lebenswichtige Versorgungs- und Verwundetentransporte benötigt wurden. Dr. Ries charterte auch ganze Lastwagenkolonnen des ›Transportkorps Speer‹, die ihm ein windiger ›Stabskapitän‹ Lederer gegen angemessenes Entgelt zur Verfügung stellte. Vom August 1944 bis zum Juni 1945 waren Dr. Ries und sein Direktor Missbach vornehmlich damit beschäftigt, die so wacker erwirtschafteten Vermögenswerte des tief ins ›Ostland‹ vorgestoßenen ›Flügel & Polter‹-Konzerns, erst von Polen nach Deutschland, dann innerhalb des ›Altreichs‹, so weit wie irgend möglich nach Westen zu schaffen. Hauptziel dieser ›Verlagerung‹, zumal der wichtigsten Maschinen, war Hoya an der Weser; daneben wurden Lager, vor allem für Mantelstoffe, auch in anderen, meist ländlichen Gegenden, vorzugsweise in Bayern, angelegt.

Wie das viele Bargeld nach Westen kam, das Dr. Fritz Ries schon kurz nach Kriegsende dort zur Verfügung stand, ist indessen sein Geheimnis geblieben; es taucht in den ansonsten vollständigen Versandlisten, in denen jeder Karton mit Glühbirnen, jede Rolle Toilettenpapier und jedes Fernschreiber-Ersatzteil aufgeführt ist, be-

greiflicherweise nicht auf.
Die der 17. Zivilkammer des Landgerichts Stuttgart im Prozeß um das Buch *»Großes Bundesverdienstkreuz«* als Zeugin benannte Ries-Tochter Monika erinnert sich allerdings, daß sich ihr Vater häufig, wenn er im Kreis der Familie am abendlichen Kaminfeuer dem Rotwein zugesprochen hatte, mit verhaltenem Stolz dazu bekannt hat, anno 1945 Riesensummen persönlich und kofferweise nach Westen geschafft zu haben.
Im Herbst 1944 hatte es wegen der von Dr. Ries geltend gemachten Ansprüche auf ein ihm geeignet erscheinendes, jedoch von der Luftwaffe bereits reklamiertes Gelände bei Hoya einige Schwierigkeiten gegeben. Doch Dr. Ries war es auch noch in der Endphase des Krieges gelungen, sich durchzusetzen. Er mobilisierte damals seinen Ex-Schwiegervater – von der Zahnarzt-Tochter hatte er sich inzwischen scheiden lassen und war bereits Vater zweier Kinder seines früheren Lehrmädchens Dora Apitzsch, das er später heiratete –, und Dr. Heinemann in Rheydt, der seinerseits mit dem auch aus Rheydt stammenden Dr. Josef Goebbels gut bekannt war, bat diesen mächtigen, von Hitler zum ›Reichsbevollmächtigten für den totalen Kriegseinsatz‹ ernannten Minister um eine Anordnung, die den Plänen des Dr. Ries Vorrang vor denen der Luftwaffe gab.

In einem Lebenslauf, den Dr. Fritz Ries Jahre später, am 28. November 1950, zwecks Darstellung seiner unternehmerischen Weitsicht für einen Kreditgeber abfaßte, schilderte er seine Lage gegen und nach Kriegsende folgendermaßen:

»1944 gründete ich die Gummiwerke Hoya GmbH. Mit dieser Gründung wollte ich lediglich einen Teil der Maschinen aus den mir gefährdet erscheinenden östlichen Gebieten retten. Tatsächlich waren bei Kriegsende in Hoya neue Maschinen für etwa 1,5 Millionen RM gelagert . . . Weiterhin standen mir bei Beendigung des Krieges einige hunderttausend Meter Stoff zur Verfügung.«
Um einen Teil des immer wertloser werdenden Bargelds anzulegen, erwarb Dr. Ries kurz nach Kriegsende auf der am weitesten westlich gelegenen deutschen Nordseeinsel Borkum ›Köhlers Strandhotel‹, das größte Haus am Platze. Es stellte nach heutigen Wertbegriffen ein Multimillionenobjekt dar. Was aber der Besitz von *»einigen hunderttausend Metern Stoff«* in der Notzeit 1945/46 bedeutet hat, läßt sich überhaupt nicht mehr ermessen!
Jedenfalls darf man sagen, daß Dr. Ries das ›Dritte Reich‹ und den Zweiten Weltkrieg nicht nur heil überstanden hat, sondern dadurch auch um ein Zigfaches reicher geworden ist. Wohl nur er selbst hält vornehmlich sein unternehmerisches Genie für die Ursache. Dagegen muß man einräumen, daß nach 1945, als es weder etwas zu ›arisieren‹ noch Großnebenstellen in Auschwitz einzurichten gab, die weitere unternehmerische Tätigkeit des Dr. Fritz Ries wirklich einige geniale Züge hatte.
Er verschaffte sich zunächst die Anerkennung als Vertriebener und alsdann die eines angeblich erlittenen ›Vertreibungsschadens‹. Mit Datum vom 10. Oktober 1953 – 16/M/Ke – bescheinigte ihm das Ausgleichsamt bei der Stadtverwaltung Frankenthal/Pfalz, wo er seinen Wohnsitz genommen hatte, zur Unterstützung seines Antrags auf Gewährung eines Arbeitsplatzdarlehens von

125 000 DM aus Landesmitteln, *»daß der Antragsteller beim Ausgleichsamt Frankenthal die Feststellung der folgenden Vertreibungsschäden beantragt hat:*

1. Geschäftsanteil an der ›Oberschlesischen Gummiwerke GmbH‹, Trzebinia über 1 445 000 RM Nennbetrag (Kapitalforderung)

2. Geschäftsanteil an der ›Gummiwerke Wartheland AG‹, Litzmannstadt über 500 000 RM

3. Verlust eines Einfamilienhauses mit 10 Zimmern in Trzebinia, Kreis Krenau (OS) – Grundvermögen –

Weiter wird bestätigt, daß die Angaben des Antragstellers in dem Feststellungsantrag hinreichend dargetan sind.«

Und so, wie in diesem Fall, ging es dutzendfach weiter: An jeder Finanzierungsquelle, die die öffentliche Hand einem, neue Arbeitsplätze und Wohnungen schaffenden Vertriebenen mit angeblich im Osten erlittenen Millionenverlusten sprudeln ließ, labte sich der – politisch als bloßer Mitläufer der Nazipartei glücklicherweise völlig unbelastete – Dr. Ries, und ganz nebenbei schuf er sich auch jene nützlichen Verbindungen zu den über die Verteilung von Darlehen, Krediten, Steuervergünstigen und Landesbürgschaften mitentscheidenden Politikern.

Die Schaffung solcher nützlichen Beziehungen war auch dringend nötig, denn immer wieder regten sich bei den Beamten der zuständigen Behörden Zweifel an der Berechtigung der Ries'schen Ansprüche.

So berichtete der damalige Generalbevollmächtigte des Dr. Ries, Dr. Grote-Mismahl, seinem Chef mit Schreiben vom 22. Oktober 1953 über seine am Vortag stattgefundene Verhandlung mit dem rheinland-pfälzischen Landesausgleichsamt Koblenz:

»Zuerst verlief die Verhandlung ganz nach Wunsch. Herr Ministerialrat Dr. Giesen war schon bereit, den Vertreibungsschaden in Gesamthöhe von DM 2 Millionen als Sicherheit ... anzunehmen ... In diesem Augenblick wurde zur Unterschrift ein Entwurf des Herrn v. Bünau hereingegeben. Dieser Entwurf enthielt die schwersten Vorwürfe gegen das hiesige Ausgleichsamt, weil der verantwortliche Sachbearbeiter seine Pflicht verletzt habe hinsichtlich einer Prüfung, ob Herr Dr. Ries nicht als Nutznießer der nationalsozialistischen Gewaltherrschaft zu betrachten sei ... Der Entwurf des Herrn v. Bünau war so scharf gehalten, daß Herr Dr. Giesen zu Herrn v. Bünau sagte: ›Wenn ich das unterschreibe, dann erreichen Sie genau das Gegenteil von dem, was Sie wollen. Um sich zu rechtfertigen hat nämlich dann das Ausgleichsamt Frankenthal das äußerste Interesse daran, festzustellen, daß die Ansprüche des Herrn Dr. Ries an den Lastenausgleich tatsächlich bestehen. Sie treiben also das Ausgleichsamt Herrn Dr. Ries in die Arme ...«

Lassen wir es dahingestellt, wer am Ende wen Herrn Dr. Ries in die offenen Arme trieb und seine immer neuen Forderungen befriedigte. Fest steht, daß das heute vom Ries-Geförderten Helmut Kohl regierte Land Rheinland-Pfalz ziemlich häufig und tief in die Tasche hat greifen oder Bürgschaften übernehmen müssen, zum bislang letztenmal, wie bereits an früherer Stelle erwähnt, Anfang 1976.

Sicherlich haben die Beamten der zuständigen Behörden stets nur das getan, was sie für ihre Pflicht hielten, und man darf nicht annehmen, sie hätten sich bei ihren Ent-

scheidungen etwa davon beeinflussen lassen, daß immer prominenter werdende Politiker und Wirtschaftsführer in der Frankenthaler Ries-Villa ein und aus gingen:
Da war – um nur einige wenige zu nennen – der von Dr. Ries achtzehn lange Jahre hindurch fast väterlich und selbstlos geförderte Landesvater Helmut Kohl.
Da war Dr. Hanns Martin Schleyer, der Personalchef der Daimler-Benz AG und heutige BDA-BDI-Doppelpräsident, der nicht nur ein Korpsbruder und Studienfreund des Dr. Ries ist, sondern auch der Vizepräsident des PEGULAN-Aufsichtsrats, (dessen Vorsitz der Commerzbank-Boss Ernst Rieche führt).
Da waren Franz Josef Strauß und Frau Diplom-Volkswirtin Marianne geborene Zwicknagel, beide mit Konsul Dr. Fritz Ries eng befreundet und große Bewunderer seiner unternehmerischen Leistung, (wodurch das Strauß-Wort plötzlich einen Sinn erhält: *»Ein Volk, das diese wirtschaftlichen Leistungen erbracht hat, hat ein Recht darauf, von Auschwitz nichts mehr hören zu wollen!«*).
Diese makabere und – wenn man die Zusammenhänge berücksichtigt – außerordentlich zynische Feststellung traf Strauß – laut ausführlichem Bericht der ›Frankfurter Rundschau‹ vom 13. 9. 1969 – in einer Wahlkampf-Ansprache im Herbst 1969, und damals war er als Bundesfinanzminister ein für Dr. Ries besonders wichtiger Freund.
Etwas mehr als ein Jahr später trat Frau Marianne Strauß in die am 23. Februar 1971 begonnene Ries-Gesellschaft ›Dyna-Plastik‹ in Bergisch Gladbach ein, laut Handelsregisterauszug zunächst mit einer Kommandit-Einlage von

304 500 DM. Das entsprach damals einer Kommanditbeteiligung von etwa 14 Prozent. 1973 wurde das Dyna-Plastik-Kapital erhöht, wobei die Kommanditisten ungleichmäßig mitgezogen haben; am stärksten stieg der Anteil von Frau Strauß, nämlich auf 406 000 DM, was einer Beteiligung von etwa 16 Prozent entspricht. Neben der Ehefrau des CSU-Vorsitzenden haben auch einige Familienmitglieder des Konzernchefs Kommanditanteile an der – von der ›PEGULAN‹-Krise, wie es heißt, nicht betroffenen – ›Dyna-Plastik‹, unter anderem Frau Ingrid geschiedene Kuhbier geborene Ries, eine Tochter des Herrn Konsuls aus erster Ehe, die mit einer Einlage von 351 780 DM im Handelsregister eingetragen ist.
Und die attraktive Ingrid Kuhbier bringt uns zwanglos (und aus Gründen, von denen noch die Rede sein wird) zu einem weiteren Spitzenpolitiker, der sich dem Hause Ries verbunden fühlt: zu Professor Dr. Kurt H. Biedenkopf, seit 1973 Generalsekretär der CDU.
Doch ehe wir uns ihm und seinen Beziehungen zur Familie Ries zuwenden, sei noch eine Bemerkung gestattet, die derzeit prekäre Lage des ›PEGULAN‹-Konzerns betreffend. Für diejenigen, die sich möglicherweise Sorgen um die Zukunft des fast 70jährigen Konsuls Dr. Fritz Ries machen, dem sein zweites Lebenswerk ebenso zu entgleiten droht wie sein erstes, der Flügel & Polter-Konzern, sei noch einiges kurz erwähnt, das sie beruhigen wird:
Im Frühjahr 1976 äußerte sich Dr. Ries vor der 17. Kammer des Stuttgarter Landgerichts, wo er gegen die weitere Verbreitung des Buches »Großes Bundesverdienstkreuz« und darin enthaltene, ihn betreffende Tat-

sachenbehauptungen Klage erhoben hat. Beiläufig teilte Konsul Dr. Ries der Kammer auch einiges über seine derzeitigen Vermögensverhältnisse mit, die an sich nicht Gegenstand deVerhandlungen sind. Er versicherte, nicht ohne Stolz, daß ihm im Ausland, vornehmlich in Österreich, noch *»einige zehn Millionen DMark«* zu eigen seien. Diese ins Ausland verbrachten Vermögenswerte sind für ›PEGULAN‹-Gläubiger natürlich nicht erreichbar; sie sichern vielmehr dem »Vollblutunternehmer« Dr. Ries auch bei ungünstigster Entwicklung seiner bundesdeutschen Unternehmen einen sorgenfreien Lebensabend. Außerdem hat Dr. Ries, nachdem seine zweite Ehefrau, Dora geborene Apitzsch, im Frühjahr 1974 verstorben ist, sogleich wieder geheiratet, so daß man ihm, alles in allem, nur gratulieren kann, anstatt ihn zu bedauern.

Schließlich sei noch bemerkt, daß sich Dr. Fritz Ries auch nicht darum zu grämen braucht, daß ihn nun seine guten Freunde verließen, sei es wegen der ›PEGULAN‹-Krise, sei es wegen der Enthüllungen seiner und einiger seiner engsten Mitarbeiter düsteren Vergangenheit. Sie kommen alle – oder doch: fast alle – noch immer gern zu ihm auf seine mit Flug-, Golf- und Tennisplatz sowie allen anderen Annehmlichkeiten versehene steiermärkische Besitzung Schloß Pichlarn, wobei sich bei Professor Kurt Biedenkopf diese Neigung im Laufe des Jahres 1975 und seither sogar noch verstärkt zu haben scheint.

7 Wer ist Kurt Biedenkopf?

»BIEDENKOPF, Kurt H., Dr. jur. (habil.) LL.M., Professor, geboren am 28. Januar 1930 in Ludwigshafen/Rh. (Vater: Wilhelm Biedenkopf), verheiratet mit Sabine geb. Wäntig. – 1963–71 Lehrtätigkeit an der Universität Frankfurt/Main (Privatdozent) und Bochum (Ordinarius seit 1964; von 1967–69 Rektor). 1968ff. Vorsitzender der Mitbestimmungskommission der Bundesregierung; 1971ff. Vorstandsmitglied der C. Rudolf-Poensgen-Stiftung; 1972ff. Vorsitzender des Landeskuratoriums des Stifterverbands für die deutsche Wissenschaft (Neugründung); seit 1973 Generalsekretär des CDU-Bundesvorstands. – Buchveröffentlichungen: Aktuelle Grundsatzfragen des Kartellrechts, 1957 (mit Callmann und Deringer); Vertragliche Wettbewerbsbeschränkungen und Wirtschaft, 1958; Unternehmer und Gewerkschaften im Recht der USA, 1961; Grenzen der Tarifautonomie, 1964; Thesen der Energiepolitik, 1967; Mitbestimmung, Beitrag zur ordnungspolitischen Diskussion, 1972; Fortschritt in Freiheit, Umrisse einer politischen Strategie, 1974.»

Dieser auf eigenen Angaben Biedenkopfs beruhende

Eintrag im neuesten ›Wer ist wer?‹ gibt dem Leser einige Rätsel auf. Zunächst hat es den Anschein, es handele sich um einen stillen Gelehrten, der im In- und Ausland fleißig studiert und dann eine erfolgreiche Universitätskarriere eingeschlagen habe. Dafür scheinen auch die zahlreichen Buchveröffentlichungen zu sprechen, und auch das eine oder andere Ehrenamt in Stifterverbänden ließe sich damit in Einklang bringen. Doch überraschenderweise wurde der Herr Professor dann 1973 Generalsekretär des Bundesvorstands der Christlich-Demokratischen Union ... Noch ein weiterer Umstand bereitet einiges Kopfzerbrechen: Es fehlt in dieser – und in jeder anderen – Kurzbiographie Biedenkopfs selbst der kleinste Hinweis auf Herkunft, Schulzeit, Beruf des Vaters und dergleichen. Vielleicht, so könnte man meinen, verbirgt hier ein Arbeitersohn aus Bescheidenheit oder falscher Scham seinen raschen sozialen Aufstieg? Diese und zahlreiche andere Rätsel lösen sich indessen sehr schnell, wenn man die Lücken ausfüllt, die der CDU-Generalsekretär offenbar ganz bewußt in der Beschreibung seiner Karriere hat klaffen lassen:
Professor Dr. Kurt H. Biedenkopf ist beileibe kein sozialer Aufsteiger, vielmehr der Sohn des Diplom-Ingenieurs Wilhelm Biedenkopf aus Chemnitz, Jahrgang 1900, der bis zu seiner Pensionierung ordentliches Vorstandsmitglied der zum Flick-Konzern gehörenden ›Dynamit Nobel AG‹ in Troisdorf gewesen ist. Ein technischer Direktor, Inhaber etlicher Beirats- und Aufsichtsratsmandate sowie zahlreicher Ehrenämter bei VDI, Dechema, Berufsgenossenschaft, Fördervereinigung und der Deutschen Gesellschaft für Arbeiterschutz. Und ganz zufälli-

gerweise war Vater Wilhelm Biedenkopf zuletzt auch Mitglied des Beirats eines Unternehmens in Bergisch Gladbach, das dann zu einer Perle des ›PEGULAN‹-Konzerns wurde: jener ›Dyna-Plastik-Werke GmbH‹, an denen Frau Marianne Strauß geborene Zwicknagel zu etwa 16 Prozent beteiligt ist.

Sohn Kurt, der heutige CDU-Generalsekretär, kam während einer beruflichen Station des Vaters bei der BASF in Ludwigshafen zur Welt, genau wie Helmut Kohl, mit dem er auch den Jahrgang, 1930, gemeinsam hat. Und nebenbei bemerkt: Helmut Kohl und Kurt Biedenkopf besuchten auch dieselbe Ludwigshafener Volksschule.

Dann aber trennten sich ihre Wege: Der aus kleiner, unbemittelter Beamtenfamilie stammende Kohl mußte sich, wie wir bereits wissen, recht mühsam nach oben angeln, und dabei spielten Förderer wie Konsul Dr. Ries eine Rolle; Kurt Biedenkopf hingegen studierte in den USA Politische Wissenschaften, in München und Frankfurt Jura und Nationalökonomie, promovierte zum Dr. jur. und zum Master of Law, habilitierte sich mit seiner Arbeit über ›Die Grenzen der Tarifautonomie‹ und wurde 1967 jüngster Hochschul-Rektor der Bundesrepublik an der Ruhruniversität Bochum.

In den folgenden Jahren begann Professor Biedenkopf, sich wirtschafts- und gesellschaftspolitisch zu profilieren. *»In seinem Bekenntnis zu einer funktionsfähigen Marktwirtschaft mit Wettbewerb und Privateigentum läßt er sich von niemandem überbieten«*, schrieb damals ›Der Spiegel‹.

Weithin bekannt wurde der nun schon nicht mehr so

Foto: Karl Heinz Abel

Traut vereint, politisch wie privat oder auch geschäftlich: Ries-Partnerin Marianne Strauß, Konsul Ries, langjähriger Ries-Schützling Helmut Kohl, Ries-Intimus Franz Josef Strauß.

Foto: Wolf P. Prange

Kanzlerkandidat der Union Helmut Kohl, hinter ihm der Mann, der die Richtlinien der Politik bestimmen würde.

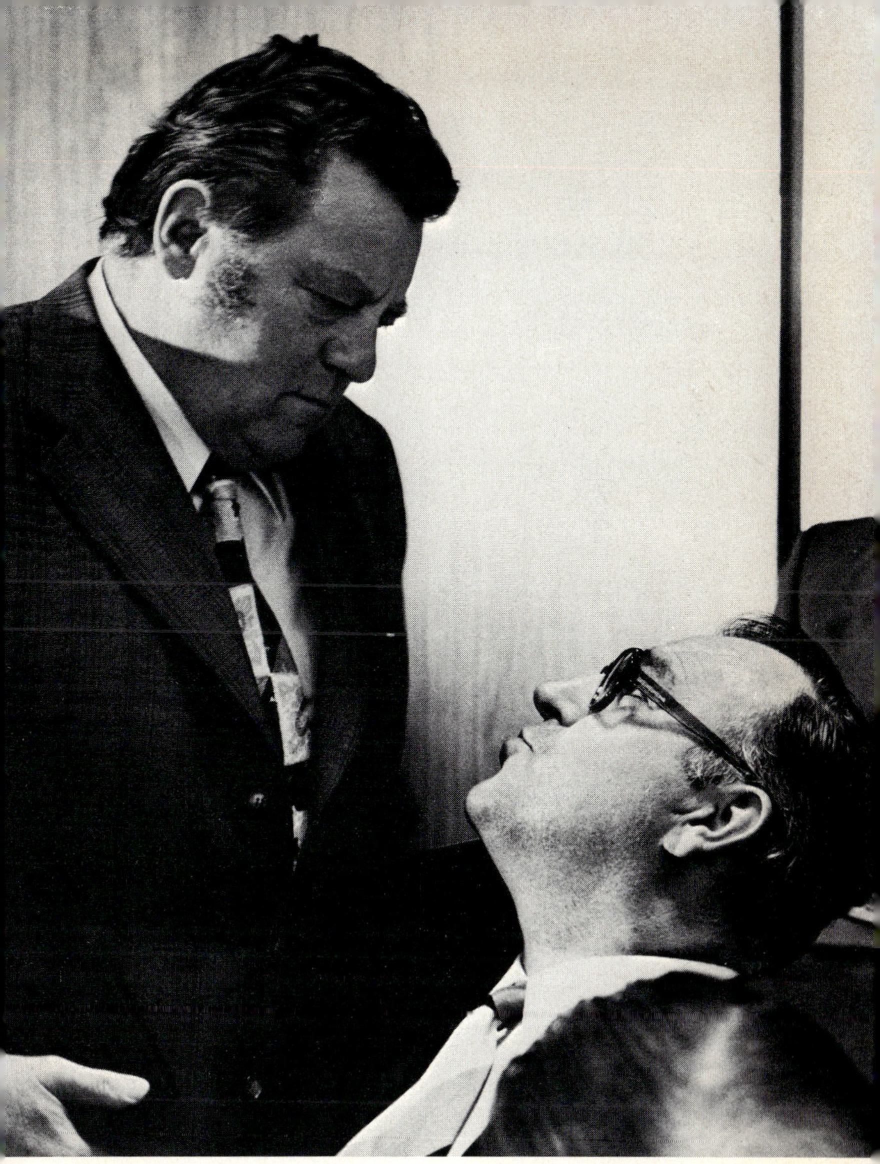

Foto: Wolf P. Prange

»Ich bin ein Deutschnationaler und verlange bedingungslosen Gehorsam.«
F. J. Strauß macht sich Helmut Kohl verständlich.

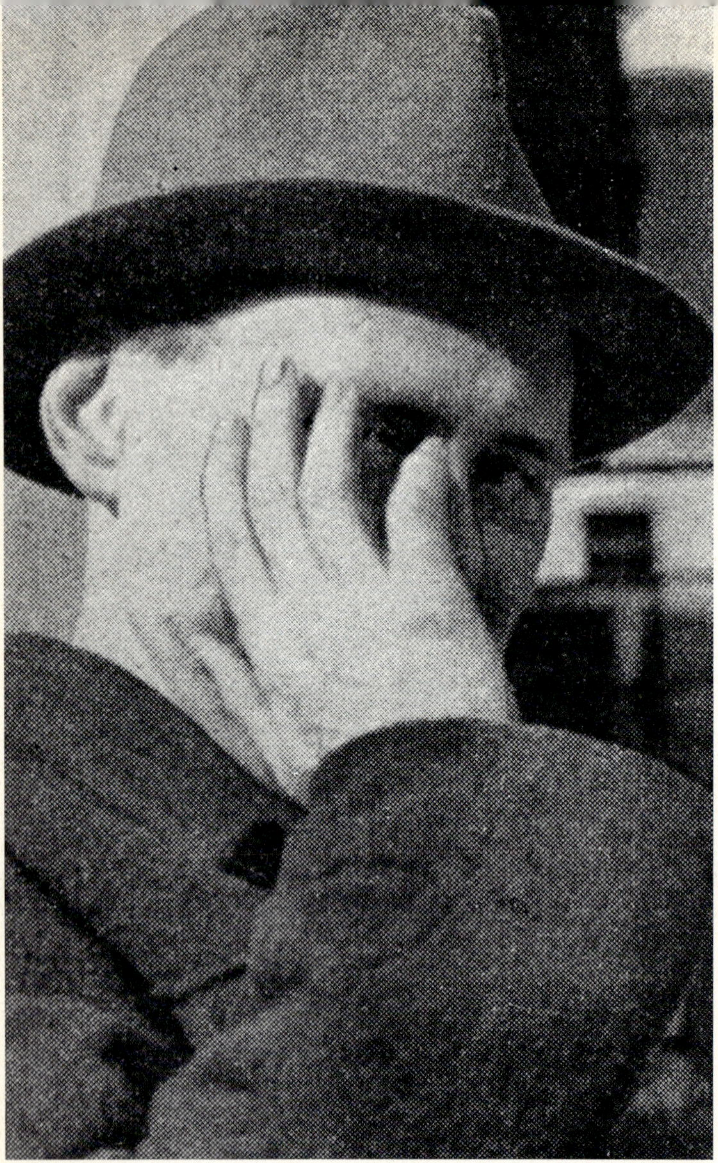

Foto: Archiv Spiegel

Bonns »Braune Eminenz« Dr. Eberhard Taubert, einst oberster Judenhetzer des Dr. Goebbels, dann Strauß-Berater und Ries-Gehilfe.

Foto: Sven Simon

Einst Nazipropagandist und Verbindungsmann zu Dr. Taubert, bis 1969 CDU-Bundeskanzler: Kurt Georg Kiesinger.

Foto: WEREK

»Es lebe der Führer! Heil Hitler!«
Siegfried Zoglmann, einst SS-Leibstandartenoffizier, heute CSU-Bundestagsabgeordneter.

Foto: Sven Simon

1941: *». . . ich bin alter Nationalsozialist und SS-Führer.«*
1976: »Boss der Bosse« Dr. Hanns Martin Schleyer, einst »Leibfuchs« von Dr. Ries, heute dessen Aufsichtsratsvizepräsident.

Foto: Karl Heinz Abel

Ministerpräsident Helmut Kohl zeichnet seinen langjährigen Förderer Konsul Ries wegen dessen »unternehmerischer Leistung und Engagements für die Gesellschaft« mit dem Stern zum Großen Bundesverdienstkreuz aus.

Foto: Karl Heinz Abel

»Ein Volk, das diese wirtschaftlichen Leistungen vollbracht hat, hat ein Recht darauf, von Auschwitz nichts mehr hören zu wollen!«

Duzfreunde Strauß und Ries, die Hände (in Unschuld) waschend.

Foto: Karl Heinz Abel

Geschäftlich wie privat verbunden: Frau Marianne Strauß mit Frau Dora Ries, 1970.

Foto: WEREK/Aufnahme Baumgarten

Dem Konsul Dr. Ries fast familiär verbunden: Abhör-Opfer Professor Kurt H. Biedenkopf, Generalsekretär der CDU.

Erfand 1972 die Formel »Freiheit oder Sozialismus«: Artur Missbach, einst Ries-Gehilfe im Bereich von Auschwitz, heute Strauß-Propagandist und Steuersparer; seit 1931 NSDAP, seit 1947 CDU.

Foto: dpa

»Er hat seine Macht als Oberbefehlshaber nicht ins Spiel gebracht«: Star Franz Josef Strauß auf dem CDU-Parteitag 1976, im Hintergrund das nervöse »Tandem« Kohl–Biedenkopf.

Foto: Heidemann/stern

Ein Vierteljahrhundert lang mit Strauß intim: Ex-Geheimdienst-Captain Ernest F. Hauser, einst der »Schrecken von Schongau«.

Foto: Wolf P. Prange

Dr. Friedrich (»Old Schwurhand«) Zimmermann verteidigte seinen Freund Franz Josef Strauß: *»Er hat nur zum Wohle des deutschen Volkes gelogen!«*

Foto: Wolf P. Prange

Was mag Helmut Kohl denken? Vielleicht: Müßte es nicht richtig heißen: »FREIHEIT ODER STRAUSSISMUS?«

stille Wissenschaftler aber erst 1968, als ihn Kurt Georg Kiesinger, inzwischen vom Nazi-Propagandisten zum CDU-Vorsitzenden und Bundeskanzler aufgestiegen, mit der Leitung einer Kommission betraute, die für die Bundesregierung die Frage der betrieblichen Mitbestimmung der Arbeitnehmer untersuchen sollte.

Diese Biedenkopf-Kommission, wie sie dann genannt wurde, rang sich zwar zu einer Würdigung der gutfunktionierenden paritätischen Mitbestimmung in der Montanindustrie durch, entschied sich aber gegen die Ausdehnung dieses Modells auf die gesamte Wirtschaft, wie es Gewerkschaften und CDU-Sozialausschüsse gefordert hatten.

»Seither gilt Biedenkopf« – so ›Der Spiegel‹ – *»den Gewerkschaften, aber auch den parteieigenen CDU-Sozialausschüssen als überzeugter Unternehmerfreund, der jede Demokratisierung der Wirtschaft zu bekämpfen suche.«*

Umgekehrt fand einer der größten bundesdeutschen Konzerne, die Henkel-Gruppe, daß dieser so unternehmerfreundliche Professor genau der richtige Mann für sein Top-Management wäre. Schon Anfang 1971 konnte Professor Biedenkopf seine wissenschaftliche Laufbahn aufgeben und ordentlicher Geschäftsführer der Henkel GmbH werden. Von diesem Kommandoposten des nicht nur im Waschmittelbereich führenden Chemie-Riesen holte sich zweieinhalb Jahre später die CDU den Konzern-Manager Biedenkopf in ihre Bonner Parteizentrale als neuen Generalsekretär. Er sollte die sich in ihrer Oppositionsrolle nicht zurechtfindende Union gründlich reformieren und 1976 wieder an die Macht bringen.

Die bundesdeutschen Großbankiers und Konzerngewaltigen, an ihrer Spitze der bis dahin eher als Strauß-Fan bekannte Arbeitgeber-Präsident Dr. Hanns Martin Schleyer, setzten von nun an ihre politischen Hoffnungen ganz auf – so Schleyer – *»das Tandem Kohl–Biedenkopf«*, das für sie im Bundestagswahljahr 1976 das Rennen machen soll. Dabei ist dem ›schwarzen Riesen‹ Kohl – von dessen Planungs- und Lenkungsfähigkeiten auch die Herren der Wirtschaft nicht recht überzeugt sind – die Rolle des sich abstrampelnden Lieferanten der Antriebskraft zugedacht, dem so unternehmerfreundlichen und konzernverbundenen Professor Biedenkopf hingegen die Rolle des Strategen und Steuermanns.
Er werde, so erklärte Professor Biedenkopf kurz vor seinem offiziellen Amtsantritt in Bonn, das Programm der CDU und ihre Oppositionsrolle *»radikal durchdenken, radikal nicht im Sinne von umstürzlerisch, sondern im Sinne von rücksichtslos«*. Doch was die Union und ihr neuer Vorsitzender Kohl dann von dem mit viel Vorschußlorbeer bedachten ›radikalen Denker‹ zu hören bekamen, waren nur die alten Gemeinplätze, geringfügig aufpoliert: Die CDU – so Biedenkopf – müsse ihre *»programmatische Kraft wiedererlangen«*, ihr politisches *»Fundament an vielen Stellen anbohren und feststellen, ob es noch trägt«*, vor allem aber endlich eine Alternative zur sozialliberalen Politik entwickeln.
Nach diesem enttäuschenden Start wurde es wieder ziemlich still um den neuen Parteimanager, bis im Sommer 1975 sein Name jäh in die Schlagzeilen der Weltpresse geriet: Ein Telefongespräch zwischen Biedenkopf

und Kohl war heimlich abgehört und sein Inhalt an eine große Illustrierte weitergegeben worden! Durch die Reihen der CDU/CSU-Opposition ging ein Aufschrei der Empörung. Die Bundesregierung, völlig überrascht und ziemlich ratlos, kündigte eine sofortige strenge Untersuchung bis zur restlosen Aufklärung des unerhörten Vorfalls an. Politiker aller Parteien ließen große Nervosität erkennen, und ganz Bonn rätselte, wie und warum die Telefonleitungen der CDU-Führung wohl angezapft worden waren, vor allem aber: von wem? Mehr als zwei Wochen lang blieb die ›Abhör-Affäre‹ das politische Thema Nr. 1 der Bundesrepublik, und das Nachrichtenmagazin ›Der Spiegel‹ faßte die vorherrschende Meinung zusammen in einer Titelgeschichte, worin es hieß:

»Fortan müssen der CDU-Vorsitzende und sein Parteisekretär mit dem Risiko leben, aus der Anonymität heraus jederzeit mit heiklen Details aus Dienst- und Privatgesprächen belastet zu werden. Führungspersonen aber, die mit solchem Handicap agieren müssen, sind auf die Dauer in ihrer politischen Handlungsfähigkeit beeinträchtigt. Ein Kanzlerkandidat gar, dem jederzeit Bloßstellung droht, muß sich fragen lassen, ob er nicht klüger daran täte, im Interesse seiner Partei jeglichen Pressionsversuchen durch Verzicht zuvorzukommen – nach dem Vorbild Willy Brandts.«

Doch weder Helmut Kohl noch Kurt Biedenkopf brauchte zurückzutreten. Der Sturm legte sich wieder, ohne daß je bekanntgeworden wäre, wer denn nun eigentlich die beiden CDU-Größen belauscht hatte – ein in- oder ausländischer Geheimdienst? Ein SPD-Spion? Oder vielleicht nur ein von einer eifersüchtigen Ehefrau beauf-

tragter Privatdetektiv?
Jedenfalls verzichtete die Opposition darauf, den Vorfall gebührend auszuschlachten. Ihr anfänglich vehementer Protest und stürmisches Verlangen nach Aufklärung und Bestrafung der Schuldigen verstummten überraschend schnell. Und seitdem ist der zunächst zur Staatsaffäre aufgebauschte Abhör-Skandal nahezu in Vergessenheit geraten.
Die sonderbare Eile, mit der die in ihren Rechten so schwer verletzten Herren Biedenkopf und Kohl die Sache dann ruhen ließen und rasch wieder zur Tagesordnung übergingen, spricht dafür, daß es sich bei den Lauschern am Telefon nicht, wie ursprünglich vermutet, um Agenten eines politischen Gegners oder gar auswärtiger Nachrichtendienste gehandelt hat, sondern daß es dabei nur um Liebe und Eifersucht ging.
Doch obwohl jedem Politiker ein Privatleben zuzubilligen ist, das weder seine Partei noch gar die Öffentlichkeit etwas angeht, rätselte man weiter, wer der betroffene Politiker und seine konkurrierenden Damen denn nun seien. Und plötzlich führten wieder Spuren in den familiären Umkreis des Konsuls Dr. Fritz Ries.
Aber zurück zu Kurt H. Biedenkopf, der gerade dabei war, sich auch im Ausland stärker zu profilieren, zunächst in Österreich. Immer häufiger und länger hatte er in den Monaten vor dem so ärgerlichen Abhör-Skandal auf der steiermärkischen Besitzung des Konsuls Dr. Ries, Schloß Pichlarn, geweilt und dabei das Angenehme des Aufenthalts in dieser außerordentlich schön gelegenen und luxuriösen Residenz des ›Pegulan‹-Konzernherrn mit manchem Nützlichen zu verbinden gewußt.

So dozierte etwa Professor Dr. Kurt H. Biedenkopf auf den sogenannten *»Pichlarner Topmanager-Gipfeltreffen«* der österreichischen ›Akademie für Führungskräfte‹ (ÖAF) vor einem erlesenen Kreis von Politikern, Industriekapitänen, Prälaten, Bankiers und hohen Militärs aus acht europäischen Ländern über *»Führung international – interdisziplinär«* oder leitete auch ÖAF-Seminare für Konzernherren, die in der zur Ries-Besitzung gehörenden Prominentenherberge ›Schloßhotel Pichlarn‹ ihre überflüssigen Pfunde wegzutrimmen versuchten und gleichzeitig ihren Führungsstil *up to date* bringen wollten.
Da Herr Professor Dr. Kurt H. Biedenkopf – wie der österreichischen ›Süd-Ost-Tagespost‹ vom 17. September 1974 zu entnehmen – der mit Abstand *»prominenteste ausländische Teilnehmer und Vortragende«* dieser ÖAF-Veranstaltungen war, ist es leicht begreiflich, daß ihm die ganz besondere Fürsorge des Schloßherrn Dr. Fritz Ries und dessen anwesender Tochter Ingrid Kuhbier galt. Man ließ es sich nicht nehmen, den CDU-Generalsekretär nicht als bloßen Hotelgast, sondern als Freund der Familie zu behandeln.
In der Folgezeit vertieften sich diese Beziehungen. Man besuchte sich häufiger; man telefonierte viel miteinander, und für die Zeit nach der Bundestagswahl werden in Bonn gewisse Überraschungen erwartet, die des Konsuls Ries Ansehen und Möglichkeiten weiter vermehren werden.

Zu den vornehmsten Pflichten eines Parteimanagers gehört zweifellos die sorgsame Vorbereitung des Bundestagswahlkampfs, und für Herrn Professor Kurt H. Biedenkopf galt es zu Beginn des entscheidenden Wahljahres 1976, in Ermangelung programmatischer Aussagen und – trotz feierlicher Zusagen Helmut Kohls – erst recht einer Führungsmannschaft, wenigstens eine griffige Wahlkampfparole zu erfinden.

Wir wissen, wie der die fehlenden Argumente und das nicht zustande gekommene ›Schattenkabinett‹ ersetzenden Slogan der Unionsparteien im Bundestagswahlkampf 1976 lautet: *»Freiheit oder Sozialismus«* (wobei nördlich der Mainlinie die geringfügig mildere Formel ›Freiheit *statt* Sozialismus‹ häufig bevorzugt wird). Was wir jedoch nicht wissen, ist, *wer* diese Parole erfunden hat.

»Mit Sicherheit ist es schon einige Jahre her, daß einer die ›Freiheit oder Sozialismus‹-Idee gezeugt hat«, schrieb Herbert Riehl-Heyse am 18. Juni 1976 in der ›Süddeutschen Zeitung, *»aber gerade weil sie sich nach ihrer Geburt so kräftig entwickelte, ist nun unklar, wer es gewesen ist: Es handelt sich da um einen der seltenen Fälle, in denen sich die Väter zur Registrierung drängeln.«*

Tatsächlich werden sowohl Franz Josef Strauß als auch der hessische CDU-Vorsitzende Alfred (›Django‹) Dregger als geistige Väter der Parole genannt, und sie haben sich nicht dagegen verwahrt. Eine andere Meinung geht dahin, Baden-Württembergs CDU-Ministerpräsident Hans Filbinger sei der Erfinder und habe, inspiriert von seinen Beratern oder auch von jenem sagenhaften *Team 70* der Herren Hotop und Pirner aus der Münchner Kunigundenstraße, den Slogan erstmals in Sindelfingen bei einer Landeswahlkampfrede deutlich ausgesprochen.

Wieder andere weisen mit Recht darauf hin, daß das *Team 70* schon im bayerischen Wahlkampf des Jahres 1974 für Franz Josef Strauß mit einer ganz ähnlichen Parole geworben hätte, und zwar – so die »Süddeutsche Zeitung« – *»unter kräftiger Verwendung des roten Farbtopfs, in welchem sie Kommunisten, Terroristen und Sozialdemokraten ohne falsche Scheu zusammen hineinwarfen«*. Und schließlich ermittelte »Die Welt«, daß Kurt Biedenkopf die Parole erfunden habe; das Blatt stellte kurz und bündig fest: *»Tatsächlich ist er der geistige Vater«*, woraufhin Biedenkopf keine weiteren Ausflüchte mehr machte und sich zu diesem höchst fragwürdigen Kind mutig bekannte.
Nun ist es sicherlich richtig, daß sich Kurt Biedenkopf schon 1973 vor der Katholischen Akademie in Bayern in einer ausgezeichnet formulierten Rede mit dem Sozialismus auseinandergesetzt und dabei behauptet hat, daß Freiheitsrechte im Sozialismus nur von organisierten Gruppen wahrgenommen würden; daß sich der einzelne schon heute *»überbetreut«* fühle (wobei er wohl weniger an die breiten Massen dachte, denen die Sicherung vor sozialem Abstieg und Verelendung bei Krankheit, Arbeitslosigkeit oder Unglücksfällen wohl kaum je als ›Überbetreuung‹ erschienen ist). Aber man täte Professor Biedenkopf gewiß Unrecht, unterstellte man ihm eine Denkweise, aus der ein Slogan entstehen könnte, der die Begriffe ›Freiheit‹ und ›Sozialismus‹ alternativ und einander ausschließend gegenüberstellt. Selbst in seinen intellektuell schwächsten Augenblicken kann Biedenkopf dergleichen nicht erdacht haben!
Tatsächlich geht die heute von der CDU/CSU im Bun-

destagswahlkampf millionenfach verbreitete Parole auf eine weit ältere Quelle zurück, nämlich auf die Nazi-Propagandazentrale jenes Dr. Eberhard Taubert, langjährigen Leiters des Persönlichen Büros von Konsul Dr. Fritz Ries. Taubert, der heute als noch immer agiler Siebzigjähriger mit seinem Porsche von einer rechtsextremistischen Veranstaltung zur anderen jagt und emsig bemüht ist, die Ultras auf Franz Josef Strauß einzuschwören, hat einst im ›Dritten Reich‹ mit der Parole *»Freiheit oder Bolschewismus«* Durchhaltestimmung zu erzeugen versucht (wobei die ›Freiheit‹, die er meinte, in den Aufschriften über den Lagertoren der Konzentrationslager als etwas definiert wurde, das nur durch unermüdliche Sklavenarbeit zu erreichen wäre: *Arbeit macht frei!*). Indessen stammt auch von Dr. Taubert, dem Spezialisten in psychologischer Krieg- und Bürgerkriegführung, nur das Grundmodell des verleumderischen Slogans. Nach dem Machtwechsel in Bonn im Herbst 1969, als die sozialliberale Koalition die Regierungsverantwortung übernahm und die CDU/CSU in die ihr ungewohnte Oppositionsrolle geriet, griff ein CDU-Abgeordneter, der gerade sein Bundestagsmandat verloren hatte, das alte Taubert-Schlagwort wieder auf, ›modernisierte‹ es und begann damit Geschäfte zu betreiben.

Dies war Artur Missbach, einst stellvertretender Betriebsführer der ›Oberschlesischen Gummiwerke‹ und ihrer kostengünstigen Großnebenstellen im Bereich von Auschwitz.

Es lohnt sich, daß wir uns mit Artur Missbach etwas näher befassen, denn durch ihn wird so recht deutlich, was seine Gesinnungsfreunde und Geldgeber meinen, wenn sie *»Freiheit«* fordern, die ihnen der *»Sozialismus«* der Bundeskanzler Willy Brandt und Helmut Schmidt nicht oder doch nur ungenügend gewährt habe. Denn in den *»Vertraulichen Nachrichten aus Politik und Wirtschaft«* des christdemokratischen Politikers Artur Missbach wird mustergültig dargestellt, wie die Parole *»Freiheit oder Sozialismus«* in Wahrheit zu verstehen ist.* Und das ist – wie schon die Persönlichkeit des Slogan-Erfinders verbürgt – etwas ganz anderes, als das, was man die Wähler glauben machen will.

* Für die argumentative Auseinandersetzung mit dieser CDU/CSU Wahlkampf-Parole sei das pdi-konkret-Taschenbuch Nr. 5 empfohlen: Karl-Heinz Hansen, »Demagogie als Methode – Die Strategie der Unionsparteien«, zu beziehen von pdi, Münzstr. 3, 8000 München 2.

8 Wer ist Artur Missbach?

In Hoppenstedt's »*Leitende Männer der Wirtschaft*« von 1969 findet sich die Eintragung:
»*MISSBACH, Artur, Syndikus, 3091 Altenbücken (Kreis Grafschaft Hoya), geboren am 21. September 1911 in Radebeul.*
Inhaber: Verlag Arbeit und Wirtschaft Artur Missbach, Altenbücken (Kreis Grafschaft Hoya); Gesellschafter und Geschäftsführer: Textil-Union, Gesellschaft zur Förderung textilwirtschaftlicher Interessen mbH, Altenbücken (Kreis Grafschaft Hoya); Vorsitzender und Geschäftsführer: Schutzgemeinschaft Deutscher Textil- und Bekleidungsfabrikanten, Hannover; Verband der Bekleidungsindustrie Niedersachsen und Bremen, Hannover; Verband der Deutschen Mützen- und Mützenzutaten-Industrie, Hannover; Herausgeber der »Vertraulichen Mitteilungen aus Politik und Wirtschaft«; Mitglied des Deutschen Bundestages –«, wobei die Partei- und Fraktionszugehörigkeit als so selbstverständlich angesehen wurde, daß man sie weggelassen hat. Natürlich war es die CDU/CSU-Fraktion des Bundestags, der Artur Missbach von 1961 bis 1969 angehörte, und im amtlichen

Handbuch aus jenen Jahren steht er auch als Bundestagsabgeordneter verzeichnet:
»*Artur Missbach, Wirtschaftsberater, Verleger; Altenbücken Kr. Grafschaft Hoya. – Geboren am 21. 9. 1911 in Radebeul, evangelisch-lutherisch, verheiratet, ein Kind. – Abitur, Studium der Rechts- und Staatswissenschaften in Greifswald und Berlin. Erstes juristisches Staatsexamen am Kammergericht. 1939 Einberufung zur Dienstleistung im Reichswirtschaftsministerium. 1942 Leitung einer Wirtschaftsgruppe der gewerblichen Wirtschaft. Seit 1946 Wirtschaftsberater, Syndikus mehrerer Wirtschaftsverbände, Inhaber des Verlages für Arbeit und Wirtschaft. Seit 1947 CDU, Vorsitzender des Kreisverbands Grafschaft Hoya und des Bezirksverbands Hannover. Seit 1955 Mitglied des Landtags von Niedersachsen. Seit 1956 Fraktionsvorsitzender der CDU im Kreistag der Grafschaft Hoya.*«
Es war indessen nicht immer eine christliche oder gar demokratische Partei, in der Artur Missbach seine politische Heimat gesehen hatte. Bereits als 19jähriger Abiturient war er am 1. Januar 1931 zunächst der Hitlerjugend, alsdann am 1. Oktober 1931 der NSDAP beigetreten. Und nachdem er im Frühjahr 1935 sein Erstes juristisches Staatsexamen abgelegt hatte, konnte der 24jährige ›Alte Kämpfer‹ mit dem Goldenen Ehrenzeichen der Hitlerpartei bereits eine gutbezahlte Anstellung an einem Institut der ›Deutschen Arbeitsfront‹ antreten. Anderthalb Jahre später, im Januar 1937, wurde Pg. Missbach Abteilungsleiter der ›Reichsstelle für Seide, Kunstseide und Zellwolle‹, nach weiteren acht Monaten stellvertretender Geschäftsführer der ›Arbeitsgemeinschaft

Deutsche Textilstoffe‹.

Als im September 1939 der Zweite Weltkrieg begann und die meisten jungen Männer Soldat werden mußten, bekam der 28jährige ›Alte Kämpfer‹ einen besonders feinen und kugelsicheren Posten: Er wurde Abteilungsleiter des dem Reichswirtschaftsministerium unterstehenden ›Sonderbeauftragten für die Spinnstoffwirtschaft‹ und dort *»federführend für den Einsatz von Herren der Wirtschaft in den besetzten Gebieten«* – eine sehr vornehme Umschreibung für die staatlich geförderte Ausplünderung eroberter Länder durch ›Arisierer‹ und andere Beutemacher.

In dieser amtlichen Eigenschaft und erst recht vom Januar 1943 an, als er geschäftsführender Leiter der ›Wirtschaftsgruppe Textil-, Bekleidungs- und Lederindustrie‹ für das sogenannte »Generalgouvernement« mit Sitz in Krakau geworden war, kam Artur Missbach in engeren Kontakt mit dem ›Flügel & Polter‹-Konzernchef Dr. Fritz Ries. Diesen »Vollblutunternehmer« unterstützte dann Wirtschaftsgruppenleiter Missbach nach Kräften bei der Errichtung von Zweigbetrieben und der Zuweisung von »Mitarbeitern«.

Umgekehrt erwies sich Dr. Ries auch seinerseits dem tüchtigen Missbach gefällig, der im August 1941 geheiratet hatte und für den jungen Hausstand mancherlei benötigte. Und als im September 1944 *»wegen der«* – so damals Missbach an Ries – *»militärischen Entwicklung im Generalgouvernement«* eine weitere ›Betreuung‹ des Einsatzes von Herren der Wirtschaft im Bereich der polnischen Textil-, Bekleidungs- und Lederindustrie überflüssig wurde, weil dies die Rote Armee nun besorgte, übernahm der ›Flügel & Polter‹-Konzern den aus Krakau vertriebenen Missbach und setzte ihn als stellvertretenden Betriebsführer bei den ›Oberschlesischen Gummiwerken‹ in Trzebinia ein.

Kaum hatten die dortigen Abteilungsleiter ihrem neuen Vorgesetzten mit einem devoten Geburtstagsglückwunsch zum 21. 9. 1944 ihre Reverenz erwiesen, da zeigte der ›Alte Kämpfer‹ ihnen auch schon, wer nun ›Herr im Hause‹ war. Mit einem Rundschreiben »an alle Abteilungsleiter« vom 30. September 1944 teilte er ihnen mit:

»Aus verschiedenen Beobachtungen, die innerhalb der letzten Wochen gemacht werden mußten, geht hervor, daß die Arbeitsdisziplin in unserem Betrieb außerordentlich gelitten hat. Es soll nicht verkannt werden, daß das Heranrücken der Front und die aus Vorsicht erfolgten Verlagerungsmaßnahmen dem Einzelnen, sowohl in persönlicher als auch in arbeitsmäßiger Beziehung Sorge bereitet haben. Es muß aber jetzt – nachdem eine spürbare Festigung der militärischen Lage erfolgt ist – verlangt werden, daß diese Besorgnisse keinerlei Einfluß auf die Tätigkeit des Einzelnen im Betrieb ausüben.«

Wie die Disziplinierung der ›Gefolgschaft‹ dann durchgeführt wurde, ergibt sich aus den Einzelanweisungen, etwa der an die Konfektion:

»Auf Anweisung von Herrn Dr. Ries ist ab sofort für die Konfektion folgende Regelung zu treffen: Nach Beginn jeder Schicht sind die Arbeitsräume zu v e r s c h l i e ß e n. Die Türen werden grundsätzlich erst bei Beendigung der Schicht geöffnet. Damit soll erreicht werden, daß einmal jedes unnötige Herumlaufen der Gefolgschaftsmitglie-

der im Werk vermieden wird und die Diebstahlsgefahr auf ein Mindestmaß herabgesetzt wird. Es ist dabei selbstverständlich, daß die leitenden Angestellten jederzeit das Recht haben, die Räume zu verlassen. Gleichzeitig haben alle Arbeiterinnen und Arbeiter einer Schicht, bevor sie das Konfektionsgebäude verlassen, innerhalb des Raumes zur Kontrolle anzutreten. Die Kontrolle wird also nicht mehr hin und wieder beim Werkschutz vorgenommen, sondern regelmäßig nach jeder Schicht innerhalb des Konfektionsgebäudes. Für Diebstähle werden neben den Beteiligten künftighin auch die Schichtleiter zur Verantwortung gezogen ... gez. Missbach.«

Weiteren, zum Teil zweisprachigen Anordnungen des schneidigen Direktors Missbach ist zu entnehmen, daß jede »Bummelei« der erschöpften und unterernährten ›Mitarbeiter‹, erst recht jeder kleine, aus bitterer Not begangene Materialdiebstahl, der örtlichen Gestapo *»zur außerbetrieblichen Bestrafung«* gemeldet wurde. Das bedeutete für die Polinnen im günstigen Falle Dunkelarrest und Prügel mit einem Gummischlauch, meist jedoch Einweisung in ein Konzentrationslager.

Während so aus den Arbeitssklaven noch rasch das Letzte herausgepreßt wurde, was sie an Leistung zu erbringen vermochten, war – ebenfalls unter Aufsicht des Direktors Missbach – der Abtransport der zusammengerafften Vermögenswerte des ›Flügel & Polter‹-Konzerns nach Westen bereits im vollen Gange. Kurz bevor die ›Oberschlesischen Gummiwerke‹ endgültig aufgegeben werden mußten, übersiedelte auch Artur Missbach in die Leipziger Konzernzentrale, wo er Herrn Dr. Ries bei der

weiteren ›Verlagerung‹ hilfreich zur Seite stand.
Erst am 10. März 1945, mit einem der letzten, von einem gefälligen Herrn Reddinghaus vom ›Rüstungsstab Leipzig‹ durchgeführten Transporte, setzte sich Direktor Missbach nach Hoya an der Weser ab, wo der ›Flügel & Polter‹-Konzern mit Hilfe des ›Reichsbevollmächtigten für den totalen Kriegseinsatz‹, Dr. Goebbels, neue Werke zu errichten gedachte.
Wenige Wochen später endete der totale Krieg mit der vollständigen Niederlage und bedingungslosen Kapitulation des ›Großdeutschen Reiches‹. Konzernchef Dr. Ries rettete sich (und die Koffer voll Bargeld) im Juni 1945 aus Sachsen, das die Amerikaner – im Austausch gegen West-Berlin – ihren sowjetischen Verbündeten überließen. Doch Dr. Ries siedelte sich dann nicht, wie ursprünglich geplant, ständig in Hoya an, sondern flüchtete zunächst noch weiter nordwestlich, auf die Insel Borkum. Und später gründete er mit Hilfe gefälliger Besatzungsoffiziere seine neuen Unternehmen in der französischen Zone, in Rheinland-Pfalz.
So trennten sich die Wege der Herren Missbach und Dr. Ries, denn Artur Missbach blieb in der Gegend von Hoya, wo er noch heute in Altenbücken wohnt und wirkt. Binnen kurzer Zeit konnte der ehemalige ›Alte Kämpfer‹ der NSDAP zum Regionalboß der CDU und dann zum Landtags- und Bundestagsabgeordneten aufsteigen. Und von Anfang an entfaltete er neben seiner politischen Tätigkeit auch eine äußerst rege geschäftliche Aktivität. So war und ist er nicht nur besoldeter Geschäftsführer einer ganzen Reihe von Organisationen der Textilindustrie und sorgt sich sowohl um die Interessen der Mützen-

zutaten-Hersteller wie um den Schutz der Bekleidungsfabrikanten. Er ist auch Verleger, Herausgeber und Chefredakteur, vor allem aber ein brillanter, wenngleich in seinen Methoden nicht eben wählerischer, hohe Einnahmen kassierender Vermittler von mehr oder weniger wertbeständigen Vermögensanlagen. Und als CDU-Bundestagsabgeordneter machte er vor allem dadurch von sich reden, daß er auf amtlichem Papier des Hohen Hauses Werbebriefe für die Investment-Schwindelfirma IOS verschickte.

Mit dem Bundesadler im Briefkopf pries der CDU-Mandatsträger die IOS-Zertifikate an als *»die derzeit beste und sicherste Anlage mit der höchsten Rendite«.* Und gleichzeitig verkaufte er – unter dem steuersparenden Decknamen ›Sebastian Bach‹ – für mindestens drei Millionen Dollar IOS-Anteile an bundesdeutsche Sparer, die heute ihre wertlos gewordenen Papiere ebenso verfluchen wie jenen ›Sebastian Bach‹, der sie ihnen aufschwatzte.

Missbachs direkt wie indirekt wichtigste Einnahmequelle aber sind die von ihm seit vielen Jahren herausgegebenen *»Vertraulichen Mitteilungen aus Politik und Wirtschaft«*, die wöchentlich erscheinen und von rund sechzigtausend Bundesbürgern, meist Angehörigen der freien Berufe und des gewerblichen Mittelstands, bezogen werden, wobei Zahnärzte die wichtigste Abnehmergruppe sind.

Missbachs Spezialität sind Alarmmeldungen, die er ungeniert mit Quellenangaben wie *»Aus dem ZK der SED verlautet intern . . .«* oder *»Im Pentagon ist man sich im klaren darüber . . .«* einleitet. Es folgen dann diese oder

jene Entwicklungs-Prognosen der östlichen oder westlichen Machtzentren. Sie scheinen auf geheimen Wegen nach Altenbücken gelangt zu sein und werden dort von Artur Missbach persönlich mit Prophezeiungen angereichert, die den Abonnenten der ›*Vertraulichen*‹ den Schlaf rauben und sie in Panik versetzen müssen, etwa wenn es da heißt: *»Nirgends in der Welt ist ›der Friede sicherer‹ geworden – ganz im Gegenteil: Überall türmen sich neue Gewitterwolken auf. Und freventlich handeln diejenigen, die im Volke eine Friedens-Euphorie entfachen ... Wer diese Aussage bis zur Stunde mit leichter Hand beiseite schieben wollte, erhält nun ... gleichsam eine letzte Warnung! So dürfte es der gesamten westlichen Verteidigungsgemeinschaft gehen, wenn ›zum letzten Gefecht‹ in der Auseinandersetzung zwischen Kommunismus und freiheitlicher Gesellschaftsordnung aufgerufen wird. Und das dürfte noch vor Ablauf der nächsten drei Jahre geschehen.«*
So stand es im Oktober 1973 in Missbachs ›*Vertraulichen*‹, und nach dieser Prophezeiung eines neuen Weltkriegs noch vor Ende 1976 konnten die Abonnenten dann wählen, was sie mit ihrem Geld bis dahin machen sollten. Denn in dem der Missbach-Postille beiliegenden Exklusivdienst ›Kontakt‹ wurden sowohl Liegenschaften in Kanada – *»Bau- und Farmland noch preisgünstig. Eigenkapital 150000 Dollar«* – wie steuerfreie Anlagemöglichkeiten in der Schweiz angepriesen.
Im Mai 1976 schrieb das angesehene Wirtschaftsmagazin ›Capital‹ über Missbach und seine Dienste: *»Früher favorisierte er beim Grundstückshandel den Zwergstaat Andorra, neuerdings ›das politisch außerordentlich stabile*

und deutschfreundliche Paraguay‹, wo er 100 Hektar große, unerschlossene Terrains für 12200 DM anbietet. Das unterentwickelte Land ist allerdings nur noch so lange ›außerordentlich stabil‹, wie dort der deutschstämmige General Afredo Stroessner autoritär regieren kann und die Cowboys sich mit 200 DM Monatslohn zufriedengeben. Aber Missbach-Leser trauen offenbar südamerikanischen Verhältnissen eher als europäischen . . .«
Die naive Gläubigkeit der Missbach-Leser scheint keine Grenzen zu kennen, denn was ihnen der Prophet und Ratgeber allein in den letzten drei Jahren schon alles angepriesen hat und was sich dann als Fehlspekulation erwies, könnte Bände füllen. So empfahl Missbach 1973 seinen Lesern, ja die Hände von der 10prozentigen Bundesanleihe zu lassen und statt dessen Anteile am liechtensteinischen Austro-International-Investmentfonds zu kaufen, den er als *›ideale Sparkasse‹* lobte. Heute ist indessen die liechtensteinische Anlage-Perle weniger als die Hälfte dessen wert, was sie vor drei Jahren kostete, während die Käufer der Bundesanleihe, trotz der Missbach-Warnung – *»Lassen Sie sich von Politikern, deren Zielsetzung der Sozialismus ist, nicht zum Hofnarren der Inflation manipulieren!«* –, seither nicht nur 30 Prozent Zinsen, sondern auch noch 10 Prozent Kursgewinn hatten.
Auch Missbachs dringender Rat aus dem Jahre 1973: *»Finger weg von allen ›roten‹ Aktien! Wo Sozialisten im Regiment sitzen, hat der private Aktionär nichts mehr zu suchen!«*, erwies sich als Fehlprognose. Bei den von Missbach verteufelten Aktien der Hamburger Elektrizitätswerke kletterten die Kurse ebenso wie bei VW.

Und noch ein drittes und letztes Beispiel für Missbachs miserable Einschätzung von Anlagemöglichkeiten: Noch Mitte Februar 1976 warb er für südafrikanische Anleihen, die inzwischen zu den verlustreichsten Effekten der internationalen Börsen gehören.

»Wo sich Geld und Politik mischen, liegt Missbach fast immer schief«, schrieb ›Capital‹ im Mai 1976. *»Am 4. Dezember 1972 schockte er seine Leser unter Berufung auf eine Schweizer Quelle mit der düsteren Prophezeiung: ›Spätestens 1976 steht die Konföderation der DDR mit der Bundesrepublik, also der sozialistische deutsche Einheitsstaat!‹ ... Missbachs treuen Anhängern in der Provinz scheinen solche banalen Irrtümer des Angstpolitikers nichts auszumachen.«*

Ihm selbst machen sie erst recht nichts aus, denn er verdient daran doppelt: Seine rund 60000 Abonnenten müssen zunächst dafür bezahlen, der er ihnen ›vertraulich‹ für 1976 den dritten Weltkrieg sowie den ›sozialistischen deutschen Einheitsstaat‹ prophezeit; alsdann kassiert er von denen, die in seinen Blättchen entweder offen inserieren oder redaktionell für sich werben lassen. Und ob er von denen, die den verängstigten Missbach-Lesern Urwald-Terrains, Schwindel-Zertifikate oder Luxusappartements in Andorra verhökern, zusätzlich belohnt wird, läßt sich nur vermuten. Seit Anfang 1976 hat Artur Missbach ein neues Vermittlungsobjekt in sein buntes Sortiment aufgenommen: Die Mitgliedschaft in ›zeitgemäßen‹ Ritterorden! Am 4. Februar teilte er vertraulich mit, es hätten sich *»Männer ritterlicher Gesinnung zusammengefunden, die davon überzeugt sind, daß ihr gegenwärtiger Kampf gegen den Bolschewismus, Anarchis-*

mus und Sozialismus von der gleichen Bedeutung ist wie vor 800 Jahren ein Kreuzzug gegen die Ungläubigen.« Und so kann es nicht weiter verwundern, daß diese ›zeitgemäßen‹ Kreuzritter sich zur Losung jene Worte erkoren haben, die Artur Missbach bereits 1972 für seine Kundschaft zur Alternative erhob: *»Freiheit oder Sozialismus«.*

Was dabei unter ›Freiheit‹ zu verstehen ist, dafür lieferte Missbach erst kürzlich ein Beispiel: In seinen ›Vertraulichen Mitteilungen‹ wandte er sich gegen die Einstufung Tausender von Arbeiterinnen und weiblichen Angestellten als Schwerbeschädigte ›nach dem Verlust der Gebärmutter mit oder ohne Eierstöcke‹. Wegen der amtlich anerkannten Erwerbsminderung von 50 bis 70 Prozent genießen diese Frauen Kündigungsschutz und haben Anspruch auf mehr Urlaub. Missbach fragte seine Leser, ob dies ›rechtens‹ sei, und durfte nach Auszählung der Zuschriften dann befriedigt feststellen, daß 90 Prozent seiner Kunden die Schutzklauseln als sozialistischen Unfug ablehnen und für die Freiheit sind, schwerbeschädigten Frauen jederzeit kündigen zu dürfen.

Ebenfalls zur ›Freiheit‹, die es gegen den Sozialismus ritterlich zu verteidigen gilt, zählt Artur Missbach offenbar die von ihm geschätzte Möglichkeit, Steuern zu sparen. Dazu ›Capital‹ im Mai 1976: *»Fast mehr noch als die Roten fürchtet Missbach die niedersächsische Steuerfahndung und den Staatsanwalt Kühneck vom Landgericht Hannover, der in diesen Wochen ein Ermittlungsverfahren gegen Missbach wegen Verdachts fortgesetzter Steuerhinterziehung abschließt. Zwei Jahre lang haben*

Staatsanwalt und Steuerfahnder die Spuren verfolgt, die der Millionär in Liechtenstein hinterließ.«

Von ähnlichen Gefahren wie der vielseitige Artur Missbach muß sich auch einer seiner alten Freunde und Mitstreiter für *»Freiheit statt Sozialismus«* bedroht sehen, dessen Name den treuen Abonnenten der *»Vertraulichen«* aus früheren Jahren bekannt ist, denn er und seine ähnlich emsigen Aktivitäten wurden dort häufig lobend erwähnt: Karl Friedrich Grau. Dieser langjährige Missbach-Freund und -Helfer mit nur bescheidener Nazi-Vergangenheit als höherer HJ-Führer war geschäftsführendes Vorstandsmitglied einer *»Studiengesellschaft für staatspolitische Öffentlichkeitsarbeit, anerkannt gemeinnütziges Institut für Erwachsenenbildung e.V.«* in Amorbach im Odenwald, sodann Generalbevollmächtigter der *»Gemeinnützigen Vereinigung zur Förderung der politischen Willensbildung e.V.«* in Bad Neustadt an der Saale, auch Gründungsmitglied und ›Bereichsgeschäftsführer West‹ des Vereins *»Deutschland-Stiftung e.V.«* sowie Geschäftsführer der *»Gesellschaft für konstruktive Politik e.V.«* in Amorbach und zahlreicher ähnlicher Institutionen. Vor allem Graus *»Studiengesellschaft«* erfreute sich lebhafter Unterstützung durch Artur Missbach und seine *»Vertraulichen«*; fast in jeder Ausgabe wurden fleißig neue Mitglieder geworben und zu Spenden aufgerufen. Dabei ging die *»Studiengesellschaft«* bei der Geldbeschaffung mitunter seltsame Wege, wie der folgende Brief zeigt, der einige Wochen vor der Bundestagswahl im Herbst 1972 zahlreichen rheinischen, norddeutschen und West-Berliner Missbach-Kunden *»ver-*

traulich« zugeschickt wurde:
»*Liebe Freunde«*, hieß es darin, *»heute möchte ich Sie an Tatsachen und Erfahrungen erinnern, die nicht vergessen werden dürfen: Im Winter 1917/1918, wenige Monate vor der ›Oktober-Revolution‹, war Nischni Nowgorod noch eine der reichsten Städte Rußlands. Im Februar 1918 erschien dort vor den Industriellen und der Kaufmannschaft General Kornilow, um den letztmöglichen Plan zur Befreiung von den überall vorrückenden Bolschewiki vorzulegen . . .«* Es folgte alsdann eine Schauergeschichte von zahlungsunwilligen Kaufleuten, die anstelle der geforderten fünf Millionen Goldrubel nach langen Wochen und heftigem Jammern nur eine lumpige Million herausrückten.
Natürlich konnte der General mit so wenig Geld nicht siegen; schon bald kamen die Roten und erpreßten von den Reichen Nischni Nowgorods *»binnen 24 Stunden über 100 Millionen Goldrubel! Doch nicht genug damit, sie henkten fast die Hälfte von ihnen. Wer sich retten konnte, war für den Rest des Lebens ruiniert: viele von ihnen verkamen in bitterer Armut«* – eine Vorstellung, die den Immobilienmaklern, Zahnärzten und Wurstfabrikanten unter Missbachs Kundschaft besonders grauenvoll war und sie reif werden ließ für das, was von ihnen im Schlußabsatz des Briefes gefordert wurde. Dort hieß es nämlich:
»Wir wissen, welche Absichten Kommunismus und Sozialismus auch mit uns haben . . . Noch haben wir die Möglichkeit, mit ›5 Millionen Goldrubel‹ diejenigen auszurüsten und zu unterstützen, die es auf sich nehmen, unserem Volk die Freiheit zu erhalten . . . Wenn auch in

anderer Gestalt, steht die Bedrohung auch jetzt wieder riesengroß vor uns . . . Ich bitte daher: Unterstützen Sie die CSU durch Spenden!«

Als Absender dieses Bettelbriefes trat: *»Günther J. Schmidt, Studiengesellschaft für Staatspolitische Öffentlichkeitsarbeit e.V., Zweigstelle Nord«* auf, und anstelle einer Adresse waren zwei Konten angegeben: *»Konto Commerzbank Hoya/Weser, Nr. 42/34555«* sowie die Bankverbindung des CSU-Bezirksverbands München. Nachforschungen ergaben, daß das Commerzbank-Konto in Hoya keineswegs dem dort ganz unbekannten Günther J. Schmidt gehörte, sondern daß es sich, ähnlich wie bei ›Sebastian Bach‹, dem tüchtigen IOS-Werber, um eine Tarnung handelte. Dennoch erklärte der Bankfilialleiter: *»Die Sache ist seriös. Für das Konto ist Herr Missbach zuständig.«* Dessen Büro wiederum bestätigte, daß Herr Missbach mit der *»Studiengesellschaft«* hin und wieder zu tun habe; von einer ›Zweigstelle Nord‹ dieser Gesellschaft war jedoch nichts bekannt. Auch der damalige Präsident besagter *»Studiengesellschaft«*, der CDU-Bundestagsabgeordnete Walter Picard, wollte von einem norddeutschen Ableger seines Vereins, der um Spenden für die bayerische CSU warb, nichts wissen. Nach dessen Satzungen, so erklärte er der ›Frankfurter Rundschau‹, sei es nämlich weder statthaft noch Aufgabe der Gesellschaft, Parteien zu finanzieren. Das Blatt bemerkte dazu: *»Ein interessanter Hinweis, denn die ›Studiengesellschaft‹ ist als gemeinnützig anerkannt; Spenden können von der Steuer abgesetzt werden. Voraussetzung: Das Geld wird laut Satzung verwandt.«*

Nun, wie es mit der Verwendung der Gelder in Wirklichkeit aussah, zeigte sich zunächst im Wahlkampf des Herbstes 1972, als eine wahre Flut von Großinseraten die Bürger in Panik zu versetzen und *»für Franz Josef Strauß, gegen die Roten in Bonn«* zu mobilisieren versuchte.

Ein Großteil dieser Anzeigenkampagne war über Karl Friedrich Graus *»Studiengesellschaft«* finanziert worden; daneben waren noch ein paar Vereine beteiligt, als deren Geschäftsführer ebenfalls Grau fungierte, und an dem stattlichen Rest hatte die – ebenfalls als ›gemeinnützig‹ anerkannte – *»Staats- und Wirtschaftspolitische Gesellschaft e. V.«* Köln, den Löwenanteil (wobei hier nur am Rande angemerkt sei, daß diese Gesellschaft Herrn Hugo Wellems zum Geschäftsführer hat, der wiederum von Dr. Eberhard Taubert beraten wird.)

Indessen hatte Graus *»Studiengesellschaft«*, die ihre ›Zentralverwaltung‹ in Amorbach, dort ein Postfach, ferner sieben Bankkonten in den nahegelegenen Großstädten, aber keinen Telefonanschluß hatte, nach beendetem Wahlkampf einige Abrechnungsschwierigkeiten. Karl Friedrich Grau war so frei gewesen, von den durch seine Hände gegangenen Millionenspenden ein wenig – laut Fernseh-Magazin *»Report«*: zehn Prozent – ›abzuzweigen‹ und einer Institution zuzuleiten, die er als besonders förderungswürdig empfand, nämlich der *»Internationalen Studiengesellschaft für staats-, wirtschafts- und gesellschaftspolitische Öffentlichkeitsarbeit e. V.«*, die ihren Sitz in Interlaken, genauer: dort das Postfach 160 gemietet hat.

Diese Gesellschaft wurde 1971 gegründet, und knapp zwei Jahre bezeichnete sie sich als ›eingetragener Ver-

ein‹, obwohl sie erst Ende 1973 auf Drängen der Behörden hin diese Eintragung vornehmen ließ. Auch ihre Bezeichnung als ›internationale‹ Institution, für die die Schweiz die Bewilligung nur erteilt, wenn bestimmte Voraussetzungen erfüllt sind, stieß und stößt noch immer auf Schwierigkeiten: Die Behörden gaben die Genehmigung dazu nur, weil ihnen drei nichtschweizerische Vizepräsidenten der Gesellschaft hinreichende Internationalität zu verbürgen schienen: der Pariser Rechtsanwalt Jean Violet, der Wiener Rechtsanwalt Wolfram Bitschnau und der CDU-Bundestagsabgeordnete Werner Marx. Doch dann erklärten Bitschnau und Marx dem Züricher »Tages-Anzeiger« gegenüber: *»Wir waren nie Mitglied der Interlakener Gesellschaft«*, geschweige denn deren Vizepräsidenten. Und Violet ließ ausrichten: *»Weder die Gesellschaft noch ihr Geschäftsführer sind mir bekannt.«*
Geschäftsführer der dubiosen Gesellschaft ist natürlich Karl Friedrich Grau, und er dürfte auch der einzige sein, der genau erklären könnte, warum ein beträchtlicher Teil der anonymen Spenden für den Wahlkampf des Jahres 1972 von Amorbach aus in die Schweiz ›abgezweigt‹ worden ist.
Es mag indes noch andere Motive für die Errichtung des schweizerischen Ausweichquartiers geben. *»Die Filialgründung in der Schweiz erfolgte, damit die linke deutsche Regierung nicht an uns ran kann,«* erklärte jedenfalls ein Grau-Freund gegenüber ›Report‹, und das Fernsehmagazin behauptete auch, Grau habe im Dezember 1973 gegenüber NPD-Leuten dies noch so erläutert: *»Wir haben Listen angelegt von Sozis, Kommunisten und*

Gewerkschaftern. Damit kein Unbefugter drankommt, haben wir sie in der Schweiz in Panzerschränken deponiert.« Später berichtigte Grau dies ein wenig: Als ›politischer Schriftsteller‹ sammle er Material über ›Anarchisten und Kommunisten‹, das er ›selbstverständlich‹ entsprechend sicher aufbewahren müsse.

An sicheren Orten in der Schweiz stehen Karl Friedrich Grau inzwischen mindestens sechs verschiedene Immobilien zur Verfügung, die er in den letzten Jahren erwerben konnte. Dazu der Züricher ›Tages-Anzeiger‹: *»Bei einem versteuerten Einkommen von jährlich durchschnittlich 14 000 Franken wuchs sein Vermögen von Null im Jahr 1970 auf 392 000 Franken im Jahr 1975.«*

Graus Interlakener *»Internationale Studiengesellschaft«,* die 1975 ›nur‹ 159 000 Franken umsetzte, wurde vom 3. Januar bis zum 11. Februar 1976 von einem hohen schweizerischen Militär, dem Divisionär Ernst Wetter, präsidiert. Der wandte sich nach seinem kurzen Gastspiel ernüchtert ab und meinte: *»Studiengesellschaft gleich Grau gleich CDU/CSU«,* aber die Union hat Karl Friedrich Grau inzwischen ausgeschlossen. Auch die Schweizer Behörden sind mittlerweile nicht mehr so nachsichtig mit ihrem deutschen Gast: Grau bekam ein Strafverfahren wegen Anstiftung zur Urkundenfälschung, und die Bundespolizei hat ihm unlängst die Ausweisung aus der Schweiz angedroht, falls er sich weiterhin illegal betätige.

Auch die meisten seiner deutschen Freunde wollen von Karl Friedrich Grau heute nichts mehr wissen. Artur Missbach, zum Beispiel, hat sich von Graus kompromittierter Amorbacher ›Studiengesellschaft‹ abgewandt und

der *»Staats- und Wirtschaftspolitischen Gesellschaft«* der Herren Wellems und Taubert angeschlossen.
Und auch ein weiterer, noch wichtigerer Freund will von Karl Friedrich Grau nichts mehr wissen, und dabei hat ihn niemand auf der Welt je so beweihräuchert wie Grau, der Autor eines Buches*, worin es über den betreffenden Freund beispielsweise heißt:
»Es müßte eine besondere Höchststufe des Bundesverdienstkreuzes in einmaliger Ausfertigung geschaffen werden – und zwar mit dem einzigen Zweck, sie an ihn zu verleihen. Dieser Mann hält nämlich heute die Bundesrepublik zusammen. Ohne ihn würde sie sich in einem Vakuum befinden.«
Der von Grau in solchen Tönen gepriesene und mit großer Sorgfalt bei der Vertuschung peinlicher Einzelheiten porträtierte Politiker, dem der Grau-Intimus Missbach nicht nur die Nischni Nowgorod-Bettelbrieferträge zur Verfügung stellte, sondern auch die Devise *»Freiheit oder Sozialismus«*, heißt Franz Josef Strauß.

* Karl Friedrich Grau, »Apropos Strauß«, Seewald Verlag, Stuttgart, 1965.

9 Wer ist Franz Josef Strauß?

Die Frage, wer Franz Josef Strauß sei, scheint auf den ersten Blick recht überflüssig. Schließlich kennt beinahe jeder hierzulande FJS – wie er sich nach dem Vorbild amerikanischer Präsidenten gern abgekürzt sieht –, und auch im Ausland ist sein Bekanntheitsgrad erstaunlich hoch – leider! Denn vielen Briten und Franzosen, Schweden und Holländern, Dänen und Belgiern – von den Bürgern der DDR und denen der anderen sozialistischen Länder ganz zu schweigen – gilt Strauß geradezu als der Inbegriff dessen, was sie an den Deutschen unsympathisch, abstoßend, provozierend oder gefährlich finden.
Umgekehrt hat Strauß im Ausland auch manche Bewunderer, aber es waren oder sind zumeist jene, die den Eindruck der anderen, daß es sich bei Strauß um einen gefährlichen, weit rechtsstehenden Ultra und neuen ›Führer‹ handeln könnte, noch verstärken: die südafrikanischen Apartheids-Fanatiker, die chilenische Junta, der Schah von Persien oder auch der Monokelheld der portugiesischen Rechten, General Spinola.
Hinzu kommt der bemerkenswerte Umstand, daß es unter den persönlichen und politischen Freunden des Franz

Josef Strauß von prominenten und weniger bekannten alten Nazis wimmelt, wobei wir uns nur einiger der in diesem Buch genannten Personen zu erinnern brauchen: So etwa an den Strauß-Berater in Fragen der psychologischen Kriegsführung, Dr. Eberhard Taubert, und dessen Freund Hugo Wellems; an den früheren Strauß-Kontaktmann zur FDP und heutigen CSU-Bundestagsabgeordneten Siegfried Zoglmann; an den Strauß-Fan Artur Missbach oder auch an den FJS-Intimus Dr. Hanns Martin Schleyer und dessen Korpsbruder, den Strauß-Duzfreund Konsul Dr. Fritz Ries, an dessen mit ›Arisierungen‹ und brutalster Ausbeutung von Sklavenarbeitern einst kräftig geförderten Unternehmen heute die Strauß-Gattin Marianne beteiligt ist.
Umgekehrt hat Franz Josef Strauß, zumindest in früheren Jahren, stets großen Wert darauf gelegt, eine von braunen Flecken freie Weste zu haben; er hat wiederholt – so in Weilheim am 12. September 1961 – erklärt: *»Jeder, der sich um das höchste Amt bewirbt, muß seine politische Vergangenheit lückenlos aufzeigen können!«* Zwar bezog sich diese Forderung auf Spitzenpolitiker der SPD, die über den Verdacht, aktive Nationalsozialisten gewesen zu sein, erhaben waren. Aber wir wollen Franz Josef Strauß, der in einem Kabinett des Helmut Kohl die Richtlinien der Politik bestimmen würde, beim Wort nehmen. Er, der den Bundesbürgern ein Recht darauf zuspricht, *»von Auschwitz nichts mehr hören zu wollen«*, muß sich genauso fragen lassen, wie er selbst es mit seinen politischen Gegnern am 15. Februar 1961 in seiner Vilshofener Aschermittwochsrede tat: *»Was haben Sie in den zwölf Jahren* – der Nazi-Diktatur – *gemacht?«*

Seine auf eigenen Angaben beruhende Biographie im ersten Bundestagshandbuch von 1949 gibt darüber nur sehr vage Auskunft. Sie lautet:
»STRAUSS, Franz, Oberregierungsrat, Generalsekretär der CSU, Schongau. – (Bayer. Kreis 12 Weilheim) CSU. Geboren am 6. September 1915 in München als Sohn eines Handwerksmeisters. Nach Besuch des Humanistischen Gymnasiums Studium der Geschichte, Sprachen, Volkswirtschaft und Rechtswissenschaft an der Universität München. Staatsexamen im Jahre 1939/40. Von 1939 bis 1945 Teilnahme am 2. Weltkrieg. Von 1945 bis 1. Januar 1949 stellvertretender und zweimal gewählter Landrat von Schongau. Seit 1. Januar 1949 Leiter des Bayerischen Landesjugendamtes. 1945 Gründungsmitglied der Christlich-Sozialen Union. Von 1946 an Mitglied des Landesvorstands, seit 1949 Generalsekretär.«
Ein Demokrat der ersten Stunde also, der zuvor, nur von zwei Staatsexamen unterbrochen, fünf Jahre lang Soldat gewesen war, nachdem er bis zum Kriegsausbruch nur das Gymnasium und die Universität besucht hatte; ein offenbar dank einem intakten Elternhaus – der Vater war ein angesehener Metzger und stand der katholisch-föderalistischen Bayerischen Volkspartei nahe – ein vom Faschismus nicht infizierter junger Mann, der wahrscheinlich sogar mit dem antifaschistischen Widerstand sympathisiert hat, wie aus einem Brief hervorzugehen scheint, den Franz Josef Strauß sehr viel später, am 25. Januar 1973, als CSU-Vorsitzender an das Nobelpreis-Komitee des norwegischen Parlaments gerichtet hat. Der erste Absatz dieses bemerkenswerten Schreibens lautet:

»Sehr geehrte Damen und Herren,
während der Zeit der nationalsozialistischen Gewaltherrschaft haben viele Mitmenschen in den besetzten Gebieten und in Deutschland jüdischen Mitbürgern, die der Verfolgung ausgesetzt waren, zu helfen versucht, in vielen Fällen mit Erfolg. Sie haben dabei ihr Leben aufs Spiel gesetzt und damit die Grundsätze der Mitmenschlichkeit höher geachtet als Tyrannei und Terror. Der Mut und Einsatz dieser Menschen war echter Friedensdienst und wirkt als solcher versöhnend bis in unsere Tage herein.« Es folgt sodann der – von knapp drei Dutzend CDU/CSU-Bundestagsabgeordneten mitunterzeichnete – Vorschlag, diese Gruppe von selbstlosen Helfern kollektiv mit dem Friedensnobelpreis zu ehren.

Lassen wir einmal die Frage beiseite, wer von den Mitunterzeichnern des Strauß-Vorschlags legitimiert war, eine solche Empfehlung auszusprechen – es sind immerhin führende NSDAP-Mitglieder und SA-Männer darunter, ganz zu schweigen von den nicht wenigen aktiven SS-Führern, die die Fraktionskollegen der Unterzeichner waren und sind –; beschränken wir uns darauf, den Lebenslauf des Franz Josef Strauß daraufhin zu untersuchen, ob dieser Mann tatsächlich auch schon früher ein Freund des antifaschistischen Widerstands gewesen ist; ob er womöglich selbst *»die Grundsätze der Mitmenschlichkeit höher geachtet«* hat *»als Tyrannei und Terror«*.

Franz Strauß – der zweite Vorname ›Josef‹ ist im Geburts-, Tauf- und Melderegister nicht verzeichnet und nur eine Art ›Künstlername‹ – gehört demselben Jahrgang 1915 an wie sein späterer Freund Hanns Martin

Schleyer. Doch Strauß trat nicht, wie Schleyer, schon vor 1933 und noch als Gymnasiast erst der Hitlerjugend, dann der SS bei; vielmehr hielt er sich, bis er volljährig war, so gut es eben ging allen Nazi-Organisationen fern. Dabei mögen das katholische Elternhaus und der Einfluß des Theologieprofessors Johann Zellinger, bei dem Franz Strauß damals ministrierte und der ihm zum Übergang aufs Max-Gymnasium verhalf, eine Rolle gespielt haben.

Doch mit 21 Jahren, am 1. Mai 1937, wurde seinem Antrag auf Aufnahme in das *»Nationalsozialistische Kraftfahrkorps«* (NSKK) stattgegeben, wozu bemerkt sei, daß alle Strauß-Biographen, Freunde wie Gegner, bislang darin übereinstimmten, diesem Beitritt nur geringe Bedeutung beizumessen. Sie hielten offenbar das NSKK für einen harmlosen Klub von Motorsportfreunden, der sich nur, weil damals dergleichen gebräuchlich und erwünscht war, quasi zum Schein das *›NS-‹* vor seinen Namen gestellt hatte, ohne wirklich etwas mit Nazi-Politik zu tun zu haben.

Tatsächlich aber war das NSKK bis zum Sommer 1934 ein Teil der braunen *›Sturmabteilungen‹* (SA) gewesen, genau wie die *›Schutzstaffeln‹* (SS). Als motorisierte Untergliederung der Bürgerkriegsarmee Hitlers erfüllte das NSKK Transportaufgaben und stellte ›Krad-Melder‹ und Überfallwagen. Nach der Ermordung des SA-Chefs Röhm und seiner Freunde am 30. Juni und 1. Juli 1934 wurden zur weiteren Entmachtung der SA zwei ihrer Untergliederungen zu eigenständigen Organisationen erklärt: die SS und das NSKK, die nunmehr – nach dem amtlichen *»Handbuch für das Deutsche Reich«* von

1936, herausgegeben vom Reichs- und Preußischen Ministerium des Innern – gleichrangige »Gliederungen der NSDAP« waren.
Der Korpsbefehl Nr. 12b vom 12. Mai 1938 definierte denn auch das NSKK als *»die motorisierte Kraft der Partei«* und stellte fest: *»Führer und Männer des Korps müssen Parteimitglieder sein oder, falls dies noch nicht der Fall ist, die Eignung für eine spätere Aufnahme in die Partei besitzen und die Verpflichtung hierzu eingehen.«*
Ferner wurde allen NSKK-Angehörigen *»dauernde Schulung«* sowie *»ein immer tieferes Eindringen in das nationalsozialistische Gedankengut«* zur Pflicht gemacht. Verantwortlich für diese weltanschauliche Schulung war die Abteilung IIb des Personalamts, der auch die Prüfung der Anwärter auf Eignung zur Aufnahme in das Korps oblag, ferner die Auswahl, Ernennung und weitere Schulung von *»weltanschaulichen Referenten«* für jede NSKK-Einheit. Diese Referenten waren, unabhängig von ihrem Dienstgrad, *»Vorgesetzte aufgrund ihrer besonderen Dienststellung«* und mußten *»einwandfrei zuverlässige, weltanschaulich gefestigte Nationalsozialisten«* sein, zudem fähig, Führern und Mannschaften das NS-*»Gedankengut«* einprägsam zu vermitteln und sie *»für Führer und Bewegung zu begeistern«*.
Dies alles muß man wohl bei der Beurteilung der Tatsache berücksichtigen, daß in dem *»Vorschlag zur Ernennung RP 4158/43«* des Studienassessors Franz Strauß zum Studienrat ausdrücklich vermerkt ist: *»weltanschaulicher Referent und Rottenführer beim Sturm 23/M 86 in München«*. Sodann heißt es, daß der Vorgeschlagene nach seinem Verhalten die Gewähr biete, *»jederzeit*

rückhaltslos für den nationalsozialistischen Staat« einzutreten.
Ferner ist in der Akte angegeben: *»Stud. Ass. Strauß ist seit Kriegsbeginn – mit einer Unterbrechung vom 18. 11. 1940 bis 14. 4. 1941 – im Heeresdienst«*, und was er dort zeitweise machte, muß uns doch bedenklicher stimmen als seine Tätigkeit beim NSKK (und bei der ›NS Deutschen Studentenschaft‹, einer weiteren ›NSDAP-Gliederung‹, der Strauß am 1. November 1937 auch noch beitrat).
Nachdem der Student Franz Strauß am 3. September 1939 zur schweren Artillerie nach Landsberg am Lech eingezogen worden war, hatte er zunächst am ›Westwall‹ bei Trier den ersten Kriegswinter sehr ruhig verbracht, war dann nach München beurlaubt worden, um seine Erste Staatsprüfung ablegen zu können, dann zu seinem Regiment ins inzwischen besetzte Frankreich zurückgekehrt, wo er am 1. November 1940 seine Beförderung zum Unteroffizier erhalten hatte, ohne bis dahin einen Schuß gehört zu haben. Er war dann umgeschult und zur Heeresflak versetzt worden, hatte auch im Sommer 1941, nach dem Überfall auf die Sowjetunion, den Vormarsch bis zum Dnjepr mitgemacht. Danach war er, vom September 1941 bis zum Februar 1942, zu einem Offiziersanwärterlehrgang auf der Truppen-Luftschutz-Schule in Altdamm bei Stettin gewesen, sodann – nunmehr bereits als Leutnant – wieder an der Ostfront. Ein Jahr später, als sich die 22. Panzerdivision, der er angehörte, gerade noch vor der Einkesselung bei Stalingrad hatte retten können, war der Leutnant Franz Strauß mit Erfrierungen an den Füßen in die Heimat versetzt wor-

den, erst zu neuen Lehrgängen, dann zur Heeresflak nach Dänemark, ins Ruhrgebiet und wieder nach Frankreich, schließlich – inzwischen zum Studienrat ernannt – zur Heeres-Flakartillerie-Schule IV in Altenstadt bei Schongau, wo er Waffenlehrer wurde sowie – und das läßt einen stutzen – *»Offizier für wehrgeistige Führung«.*

An diese Ernennung waren nämlich ganz besondere Bedingungen geknüpft: Der *»Offizier für wehrgeistige Führung«,* später *»Nationalsozialistischer Führungsoffizier«* (NSFO) genannt, mußte nicht nur ein *»bewährter Frontoffizier«* sein und eine *»schwungvolle Persönlichkeit«* mit *»Eignung, Gedanken in Wort und Schrift auf andere zu übertragen«* sowie mit *»Begeisterung für die besondere Aufgabe«;* vielmehr wurden ausdrücklich nur *»bedingungslose, kämpferische, fanatische Nationalsozialisten«* zugelassen. *»Erfahrungen und praktische Fähigkeiten in der politisch-weltanschaulichen Führung und Erziehung, Zugehörigkeit zur Partei und aktive politische Tätigkeit als Politischer Leiter sind erwünscht.«*

Die Auswahl von geeigneten Offizieren sowie ihre vorrangige Einsetzung an Kriegsschulen und Lehrgängen der Wehrmacht wurden als *»entscheidende Frage«* angesehen, und man konzentrierte sich bei der Auswahl auf Reserve-Offiziere, die bereits politische Ämter und Funktionen in der NSDAP oder bei deren Gliederungen hatten. Entsprechende Vorschläge waren von den ›Gaubeauftragten für Wehrmacht der NSDAP‹ in Zusammenarbeit mit dem Offizier für wehrgeistige Führung des Stellvertretenden Generalkommandos (Wehrbezirk) der NSDAP-Parteikanzlei des Reichsleiters Martin Bormann zu unterbreiten. Dort waren auch die Aufgaben der ›Offiziere für wehrgeistige Führung‹ festgelegt worden: Er war *»Gehilfe und Berater bei der Durchführung der dem Truppenführer gestellten politischen Führungsaufgaben«*, hatte laufend Personal-Beurteilungen abzugeben und Meldungen über die Ergebnisse seiner Arbeit zu erstatten, *»desgleichen monatlich schriftliche Tätigkeitsberichte, welche abschriftlich dem Offizier für wehrgeistige Führung bei der vorgesetzten Dienststelle und dem NS-Führungsstab seines Wehrmachtteiles vorgelegt«* wurden.

Im Klartext hieß das: Der ›Offizier für wehrgeistige Führung‹ und spätere NSFO hatte vornehmlich Überwachungsaufgaben, und zwar innerhalb des Offizierskorps seiner Einheit und im Auftrage der Partei; in zweiter Linie sollte er die Unteroffiziere und Mannschaften *»aktivieren und fanatisieren«*. Weil sich die Berufsoffiziere der Wehrmacht für beide Aufgaben nicht gut eigneten, wählte die Partei vorzugsweise solche Reserve-Offiziere mit Frontbewährung aus, die als überzeugte Nazis bekannt und Partei-, SA- oder NSKK-Funktionäre gewesen waren.

Wir wissen nicht, ob der Leutnant, dann Oberleutnant Franz Strauß ein – vom Standpunkt der Nazi-Partei aus – guter *»Offizier für wehrgeistige Führung«* war oder ein Mißgriff. Auf alle Fälle sicherte die Ernennung sein Verbleiben an der in Oberbayern gelegenen Flakschule, wo Strauß dann noch Stabsadjutant und Chef der Stabsbatterie wurde.

Aber das war erst gegen Kriegsende, und zu diesem Zeitpunkt war Oberleutnant Strauß bestimmt kein Führungsoffizier mehr, auch kein *»bedingungsloser, kämpfe-*

rischer Nationalsozialist«, doch davon später. Zunächst sei erklärt, warum allen diesen dokumentarisch belegten Fakten einige Bedeutung zukommt, und zwar unabhängig von der Frage, ob der weltanschauliche Referent des NSKK-Sturms 23/M 86, Studienrat, Oberleutnant d. R. und zeitweise ›Offizier für wehrgeistige Führung‹ Franz Strauß nun wirklich ein mehr oder weniger überzeugter, womöglich fanatischer Nazi war oder nur so tat.

Die Erklärung ist ganz einfach und ergibt sich bereits aus der Pflichtlektüre, die schon dem Rottenführer und NSKK-Referenten Strauß im Jahre 1938 verordnet war, wobei man sich vergegenwärtigen muß, daß er diese und viele weitere Schriften nicht nur wirklich zu lesen, sondern auch über ihren Inhalt eine Vielzahl von Referaten zu halten hatte.

Zur Pflichtlektüre eines weltanschaulichen Referenten beim NSKK gehörten aber, allein in den auf den Dezember 1938 folgenden acht Wochen, laut *»Verordnungsblatt der Korpsführung«*, 4. Jahrgang, Folge 17, die nachstehenden ›Werke‹:

Alfred Rosenberg, »Pest in Rußland«

Georg Leibbrandt, »Moskaus Aufmarsch gegen Europa«

Otto Keil, »Der Bauer in der Sowjetunion«, mit einer Einführung von Reichsleiter Darré

Paul Schmitz, »Moskau und die islamische Welt«

Georg Leibbrandt, »Jüdische Weltpolitik in Selbstzeugnissen«, mit einer Einführung von Reichsleiter Rosenberg

Alfred Rosenberg, »Europa und sein Todfeind«

Hans Krebs, »Prag und Moskau«, mit einem Geleitwort von Reichsleiter Frick

Sanders, »Um die Gestaltung Europas«
Hagemeyer, »Europas Schicksal im Osten«
Hermann Greife, »Deutsches Schrifttum im Dienste des Bolschewismus« sowie
Katalog der Ausstellung: »Europas Schicksalskampf im Osten«.

Ein solches oder ähnliches Pensum, ergänzt durch ›rassekundliche‹ Schriften des Nazi-Professors Hans F. K. Günther und Alfred Rosenbergs »Mythus des XX. Jahrhunderts«, mußte der NSKK-Referent Strauß Monat für Monat, Jahr für Jahr bewältigen, zunächst als aufmerksamer Leser, dann, schlimmer noch: als verantwortlicher Funktionär, der über den Inhalt dieses »NS Schriftgutes« regelmäßig zu referieren und ein mehr oder weniger aufmerksames Publikum von der Wahrheit auch der kühnsten Behauptungen zu überzeugen hatte. Und wie zunächst beim NSKK, so erging es ihm, dem ehemaligen Musterschüler aus gutkatholischem Elternhaus und Einser-Abiturienten des humanistischen Max-Gymnasiums, dann auch später, als Studienreferendar und -assessor sowie erst recht als ›Offizier für wehrgeistige Führung‹!

Wenn wir Franz Strauß also unterstellen wollen, daß er, entgegen der Annahme aller seiner Vorgesetzten, *kein* wirklicher Nazi gewesen sei, dann folgert daraus, daß er jahrelang *gegen seine innere Überzeugung und wider besseres Wissen* die verblasenen Rasse- und Herrenmenschen-Ideologien der Nazis verbreiten half; dann hätte er, ohne Chauvinist zu sein, zum Kreuzzug in den ›Ostraum‹ aufgefordert, ohne Antisemit zu sein, gegen die Juden gehetzt – keine sehr geschmackvolle Basis für seinen eingangs zitierten Brief an das Nobel-Komitee und den darin enthaltenen Vorschlag, die Mitmenschlichkeit einiger Helfer der verfolgten Juden zu ehren! –, und es wäre ihm bei seiner Intelligenz sicherlich schon damals klargeworden, daß man einem unkritischen Publikum jedweden Unsinn, etwa die Gleichsetzung von Hochfinanz, Judentum, Freimaurerei und Weltkommunismus, schmackhaft machen kann, sofern man sich mit Schlagworten begnügt und sie den Leuten mit der nötigen Autorität – *»Haben Sie überhaupt Abitur?«* – in die Köpfe hämmert.

Doch zurück zum weiteren Werdegang des Oberleutnants Franz Strauß bei der Wehrmacht des schon zusammenbrechenden ›Großdeutschen Reiches‹: Am 27. April 1945, wenige Tage vor der bedingungslosen Kapitulation, verließ der nun ganz gewiß nicht mehr *»bedingungslos kämpferische«* Chef der Stabsbatterie seine Einheit und radelte, als Zivilist verkleidet, ins nahegelegene Schwabniederhofen, wo er sich beim Pfarrer einquartierte und in Ruhe das Ende des Krieges abzuwarten gedachte. Er fühlte sich völlig sicher, und so lief er denn auch der ersten amerikanischen Patrouille in die Arme, die ihn sofort zurück in die Flakkaserne brachte – zur Überprüfung der (von Strauß selbst gefälschten) Entlassungspapiere. Aber er hatte Glück: Man schickte ihn nicht in ein Kriegsgefangenen- oder Internierungslager, sondern ernannte ihn, seiner guten englischen Sprachkenntnisse wegen, zum Dolmetscher der Militärregierung des Landkreises Schongau, bald auch zum Stellvertreter des kommissarischen Landrats Franz Xaver Bauer, der kein Eng-

lisch sprach, aber als ehemaliger Amtmann mit der kommunalen Verwaltung vertraut war und vor 1933 der Bayerischen Volkspartei angehört hatte.
Damit waren für den Oberleutnant d. R. a. D. Franz Strauß bereits wenige Tage nach Kriegsende die Weichen gestellt: Anstatt nach München zurückzukehren, wo Zerstörung und Hunger herrschten, aber eine Stelle als Studienrat auf ihn wartete, blieb er in der vom Krieg kaum berührten und mit Lebensmitteln gut versorgten oberbayerischen Kreisstadt, wo ihm als Dolmetscher der Militärregierung eine Schlüsselstellung zugefallen war, vergleichbar mit dem Amt eines Premierministers in einem kleinen Fürstentum des 18. Jahrhunderts. Denn die alliierten Besatzungsoffiziere herrschten damals wie absolute Monarchen, und wenn sie sich, wie es meist der Fall war, mit der deutschen Zivilverwaltung sprachlich nicht verständigen konnten, dann war der Dolmetscher sozusagen der Kanzler des Herrschers, dem das Regieren überlassen blieb, zumal auch der ›Fürst‹, meist ein Major oder Oberstleutnant, sich dann ganz seinen Vergnügungen widmen konnte.
Der damals knapp 30jährige Franz Strauß verstand es glänzend, sich nicht nur den wechselnden Chefs der Militärregierung des Kreises Schongau unentbehrlich zu machen; er wußte sich auch bei der Bevölkerung Dankbarkeit und Respekt zu verschaffen. Die Sprachbarriere zwischen Besatzern und Einheimischen ermöglichte es einem Dolmetscher nämlich, alle Härten und Unannehmlichkeiten als Befehle der allmächtigen Sieger erscheinen zu lassen, jede Milderung und Gefälligkeit hingegen als einen allein seiner persönlichen Fürsprache oder gar Ei-

genmächtigkeit zu dankenden Gnadenerweis.
Es war daher nicht überraschend, daß die Schongauer ihn bereits bei der ersten Wahl auf Kreisebene, die im Frühjahr 1946 abgehalten wurde, zu ihrem regulären Landrat wählten. Und die Amerikaner zeigten sich hocherfreut darüber, daß ihr Vertrauensmann vom Volk in freier Wahl bestätigt worden war; die Beziehungen zwischen Landrat und Militärregierung wurden dadurch noch enger und herzlicher.
Als Landrat fiel Strauß eine weitere, damals äußerst wichtige Rolle zu: Er wurde automatisch geschäftsführender Vorsitzender des sogenannten ›Spruchausschusses‹ für den Landkreis und damit Chef der für die ›Entnazifizierung‹ zuständigen Behörde.
(Als knapp zehn Jahre später, am 25. Februar 1955, der damalige SPD-Bundestagsabgeordnete Arno Behrisch im Parlament erklärte: »*Wenn der Herr Spruchkammervorsitzende Strauß, der die kleinen PGs gepiesackt und vom Nazismus und Militarismus gereinigt hat, jetzt als Propagandaredner für Aufrüstung auftritt, so möchte ich Ihnen eines sagen: Sie machen uns den Vorwurf, wir seien vom Parlament auf die Straße gegangen. Herr Strauß ging von der Straße in die Gosse!*«, da konnte der CSU-Abgeordnete Strauß eine Bescheinigung der bayerischen Staatsregierung vorlegen. Darin hieß es: »... *Franz Josef Strauß war in Bayern nie Vorsitzender einer Spruchkammer oder Berufungskammer. Er war auch nie öffentlicher Ankläger. Es fehlen auch alle Anhaltspunkte dafür, daß er als Beisitzer einer Spruchkammer oder Berufungskammer eingesetzt war.*« Diese Bescheinigung entsprach insofern der Wahrheit, als die Kammern, die

die Aufgaben der ›Spruchausschüsse‹ übernahmen, erst eingerichtet worden waren, als Strauß dem Entnazifizierungsgremium nicht mehr vorstand. *»Diese Kunst, sich an Worte zu klammern, um sich an Sachverhalten vorbeizudementieren, entwickelte Strauß später zur Perfektion,«* hieß es dazu im ›Stern‹, und dabei hatte das Blatt vor allem eine Strauß-Affäre im Auge, die mit dem Lockheed-Skandal in gewissem Zusammenhang steht und ihre Ursprünge in einer Bekanntschaft hat, die Strauß in den ersten Nachkriegswochen in Schongau schloß, und zwar mit dem amerikanischen Captain Ernest F. Hauser.)

Bereits im Mai 1945 hatte der damalige Dolmetscher und spätere Landrat Franz Strauß den gerade in Schongau eingetroffenen US Geheimdienst-Offizier Hauser kennengelernt. Es war zwischen den beiden Freundschaft auf den ersten Blick. In der Villa Meisel, Hausers Stabsquartier, feierten die neuen Freunde wilde Feste. Und da Captain Hausers Methoden der Beschaffung von Getränken, *»Fräuleins«* und anderer Annehmlichkeiten nicht gerade die feinsten waren, so daß er bald ›der Schrecken von Schongau‹ genannt wurde, ist es um so verwunderlicher, daß die Antipathie der Einheimischen nicht auf den Hauser-Intimus Strauß abfärbte. Nicht weniger erstaunlich aber ist es, daß sich Strauß, trotz dieser ersten Nachkriegserfahrungen, später, auch als Minister, immer wieder mit Ernest F. Hauser einließ: Er wurde Hausers Trauzeuge, dann auch der Pate des ersten Hauser-Kindes, und als Strauß für die Bundeswehr den ›Starfighter‹ einkaufte, sorgte er dafür, daß die Lieferfirma Lockheed seinen alten Freund Hauser mit stattlichen

Bezügen einstellte und nach Bonn schickte.
Strauß sollte diesen Mann, den er sehr viel später als ›Verbrecher‹ bezeichnete und der Mitarbeit beim sowjetischen Geheimdienst verdächtigte, dann noch oft und in unterschiedlichsten Rollen wiedertreffen: als Lobbyisten im Minister-Vorzimmer, als Kronzeugen seiner Gegner in Gerichtsverfahren, die Strauß mit haarsträubenden Sexgeschichten um seinen Ruf bringen sollten, und dessen ungeachtet danach als persönlichen Bittsteller, dem Strauß dann ein paar tausend Mark zukommen ließ, schließlich als bösartiger Verleumder, der unter Eid vor dem US-Senat (und auch vor der Presse und im Fernsehen) glatt behauptete, im Zusammenhang mit der ›Starfighter‹-Beschaffung seien von der Firma Lockheed sogenannte ›Schmiergelder‹ in Millionenhöhe an Strauß und die CSU gezahlt worden – eine unbewiesene und möglicherweise auf Unwahrheit beruhende Anschuldigung, die hier nur deshalb erwähnt wird, weil sie zeigt, wie vorsichtig ein Politiker in der Wahl seiner engsten Freunde sein sollte. Denn daß damals, im Herbst 1945, als der Dolmetscher und stellvertretende Landrat Franz Strauß den CSU-Kreisverband Schongau mitgründen half und beschloß, die Gymnasiallehrerlaufbahn an den Nagel zu hängen und Politiker zu werden, am Anfang seiner bemerkenswerten Karriere also, die enge Freundschaft zu einer so zweifelhaften Gestalt wie Ernest F. Hauser stand, könnte von vielen als symbolisch empfunden werden. Eine andere Gestalt am Anfang des politischen Weges von Franz (Josef) Strauß war ein Münchner Rechtsanwalt, Dr. Josef Müller, der seit seiner Schulzeit auf dem Bamberger erzbischöflichen Knabenseminar

›der Ochsensepp‹ genannt wurde. Dr. Müller, der ausgezeichnete Beziehungen zum Klerus und sogar zum Vatikan hatte und wegen seiner Kontakte zu militärischen Widerstandsgruppen in KZ-Haft gewesen war, knüpfte damals Fäden nach allen Seiten und war dabei, die CSU auf Landesebene zu gründen. Der ›Ochsensepp‹ sammelte damals politisch interessierte und ehrgeizige junge Leute um sich, und Landrat Bauer machte ihn, den CSU-Landesvorsitzenden, auf Strauß aufmerksam, der über so glänzende Beziehungen zur Militärregierung und zum amerikanischen Geheimdienst verfügte.

Dr. Müller fand ebenfalls Gefallen an Franz Strauß (der sich dann, einem Rat des ›Ochsensepp‹ folgend, den zweiten, nichtamtlichen Vornamen ›Josef‹ zulegte, »weil's gemütlicher klang« und ein bißchen mehr hermachte), und sein Interesse beruhte nicht zuletzt auf Gerüchten, wonach Strauß als Offizier einer antifaschistischen Widerstandsgruppe angehört hätte. Diese von Strauß nicht dementierte, damals ungemein nützliche Legende rief jedoch später den Widerspruch des letzten Kommandeurs der Flakartillerieschule von Schongau, General a. D. Hermann Hiller, hervor: *»Als gegen mich wegen einer offenen Kritik am Dritten Reich im Dezember 1944 ein kriegsgerichtliches Verfahren eingeleitet wurde, hat Strauß sich mir gegenüber nicht als ›Widerstandskämpfer‹ zu erkennen gegeben. Andere Offiziere der Flakschule dagegen boten mir seinerzeit Hilfe und Unterstützung an«*, schrieb der Ex-General, und er fügte hinzu, wenn Strauß nun seine antinazistische und antinationalistische Haltung herauskehre, so könne er nur sagen, daß er *»damals nichts davon gemerkt«* habe.

Nun, diese Bemerkungen (oder Nicht-Bemerkungen) seines früheren Kommandeurs konnten Franz Josef Strauß schon nicht mehr schaden; an der Spitze des Kreises der jungen Leute um den ›Ochsensepp‹ hatte er sich in der CSU bereits fest etabliert. Schongau war ihm, obwohl man ihn dort zum Landrat gewählt hatte, zu klein geworden. Nicht nur aus Gründen der finanziellen Sicherung, sondern auch, um in München ›mitmischen‹ zu können, ließ sich der Wahlbeamte Strauß zum Regierungsrat im bayerischen Kultusministerium ernennen. Und der Regierungs- und Landrat Strauß setzte sich in der bayerischen CSU immer stärker durch. Seine glänzenden Beziehungen, vor allem zum ›Ochsensepp‹, aber auch zur Besatzungsmacht, sein Redetalent und sein ausgeprägter Instinkt für Tendenzwenden, nicht zuletzt aber auch die Tatsache, daß ihn keine offenkundige Nazivergangenheit belastete, verhalfen dem ehrgeizigen *»Vertreter der Frontgeneration«* – wie er sich selbst vorzustellen pflegte – zu einem raschen und fast mühelosen Aufstieg.
1948 war er bereits Generalsekretär der CSU und hatte die Möglichkeit, ›seine‹ Leute im Parteiapparat gut zu placieren; 1949 betrieb er als neugewählter Abgeordneter im ersten Bundestag den Zusammenschluß der 24 bayerischen CSU-Parlamentarier zu einer ›Landesgruppe‹. Und kaum war deren erster Vorsitzender, Fritz Schäffer, von dem mit nur *einer* Stimme Mehrheit – noch dazu seiner eigenen – zum Kanzler gewählten Konrad Adenauer mit dem Finanzressort betraut worden, da rückte Strauß zum ›Chef der Landesgruppe‹ auf – schließlich war er ja der CSU-Generalsekretär!

Mit dieser geschlossenen ›Fraktion innerhalb der Fraktion‹ der CDU/CSU als Hausmacht und – wie man in Bonn damals scherzte – als ›Leibstandarte‹, begann der Aufstieg des Bundespolitikers Franz Josef Strauß, sein Weg an die Macht, der nach Einschätzung politischer Kommentatoren mit Affären gepflastert war wie der keines zweiten Parteimannes der deutschen Parlamentsgeschichte. Und es ist gewiß kein Zufall, daß in die meisten dieser schließlich kaum noch zu zählenden großen und kleinen Affären des FJS auch der eine oder andere seiner ›Spezis‹ aus der ersten Nachkriegszeit verwickelt war: der Makler Dr. Thiermann; der Rechtsanwalt Hertwig Cramer aus Nürnberg; der junge Offizier Achim Oster; der aus der Nazizeit höchst unrühmlich bekannte Dr. Peter Deeg; der Kissinger Oberbürgermeister Dr. Weiß und vor allem der Rechtsanwalt Dr. Friedrich Zimmermann, sämtlich aus dem Kreis der ehrgeizigen jungen Nachwuchspolitiker, die der ›Ochsensepp‹ um sich versammelt hatte, sowie – *last not least* – der einstige Schongauer Geheimdienst-Captain und Strauß-Intimus Ernest F. Hauser.

Wir wollen indessen darauf verzichten, sämtliche Affären, mit denen Franz Josef Strauß in Verbindung gebracht wurde, hier noch einmal ausführlich zu beschreiben.* Begnügen wir uns mit Kurzfassungen der wichtigsten und für die steuerzahlenden Bundesbürger schmerzlichsten Vorkommnisse:

* Wer sich genauer informieren will, dem sei zur Lektüre empfohlen: »Schwarzbuch: Franz Josef Strauß«, pocket 42, Verlag Kiepenheuer & Witsch, Köln, 1972.

Da war schon 1950 die *»Hauptstadt-Affäre«;* ein 18köpfiger Bundestags-Untersuchungsausschuß versuchte später vergeblich, sie restlos aufzuklären. Feststeht, daß etliche Abgeordnete der CSU-Konkurrenz Bayernpartei damals mit fünfstelligen Beträgen zu einem Meinungswechsel in der Frage bewogen wurden, ob Bonn oder Frankfurt am Main provisorische Bundeshauptstadt werden sollte ...

Nachdem Strauß 1957 Bundesverteidigungsminister geworden war, hatte er sogleich den Skandal rund um den *Schützenpanzer HS 30* am Bein. Die Affäre war ein Erbstück; der glücklose Strauß-Vorgänger Theo Blank hatte mit dem im Panzerbau bis dahin völlig unerfahrenen ›Hispano Suiza‹-Konzern die Entwicklung eines deutschen Schützenpanzers, Typ HS 30, verabredet. Strauß erwies sich als würdiger Erbe: Er bestellte gleich 10680 Stück HS 30, obwohl es noch keinen fahrtüchtigen Prototyp davon gab, nur ein Holzmodell. Bei den Vertragsvorbereitungen war für ›Hispano-Suiza‹ der Bonner Rechtsanwalt Dr. Otto Lenz tätig gewesen, zufällig auch Wahlkampfleiter der CDU und zuvor Staatssekretär im Bundeskanzleramt. Der frühere Reichsminister Gottfried Treviranus erklärte später unter Eid, er habe Minister Strauß darauf aufmerksam gemacht, daß es beim HS 30-Auftrag zu massiven Bestechungen gekommen sei; allein Dr. Lenz habe über drei Millionen Mark erhalten. Strauß wurde daraufhin aktiv: Er ließ alle HS 30-Unterlagen seines Ministeriums zusammentragen und von seinen Vertrauensleuten prüfen. Dann schirmte er den Skandal nach außen hin ab; er bestritt die Einschaltung von Lenz und die Aussage von Treviranus, und er ließ das Schützenpanzerprogramm weiterlaufen, weil es – so Strauß – *»wegen der eindeutigen Rechtslage aufgrund der hohen Schadenersatzansprüche nicht annuliert werden«* könnte. Der Bundesrechnungshof stellte später fest, daß wegen der vielfältigen Mängel des HS 30 *»die Bundesrepublik zum Rücktritt vom Vertrag oder zur Forderung von Schadenersatz wegen Nichterfüllung berechtigt gewesen«* sei . . .

Die (selbst in Bonn kaum noch erinnerte) *»Granatenaffäre«* begann im Winter 1956/57, als der Strauß-Duzfreund Dr. Peter Deeg im Verteidigungsministerium auftauchte. Unter Berufung auf die beim ›Ochsensepp‹ geschlossene Freundschaft konnte der Amateur-Waffenhändler Deeg für eine bis dahin mit Bonn nicht ins Geschäft gekommene italienische Firma einen fetten Granaten-Auftrag verbuchen (und für sich eine hohe Provision); bald darauf verhökerte Dr. Deeg der Bundeswehr für 1,5 Millionen DM ein Grundstück bei Peißenberg, für das er selbst drei Jahre zuvor 450000 DM bezahlt hatte . . .

Bei der *»Onkel Aloys-Affäre«*, die Ende der 50er Jahre ihren Anfang nahm, stand der damals noch verarmte Dr. Dr. Aloys Brandenstein bei Wirten und Freunden so tief in der Kreide, daß er verzweifelt nach einem Ausweg aus seiner Finanznot suchte. Schließlich erinnerte er sich seiner Bekanntschaft mit Familie Zwicknagl, deren Kinder ihn »Onkel Aloys« genannt hatten; mit geborgtem Fahrgeld reiste er nach Bonn zum Ehemann der inzwischen verheirateten Zwicknagl-Tochter Marianne, dem über Milliarden gebietenden Verteidigungsminister Strauß. »Onkel« Aloys fand im Ministerium Verständnis für sein

Elend; binnen kurzem konnte er Rüstungsaufträge vermitteln und hohe Provisionen kassieren. Auf Betreiben eines Strauß-Mitarbeiters, des Generals Herbert Becker, wurde Dr. Dr. Brandenstein zudem Generalbevollmächtigter der Panzerkettenfabrik Backhaus in Remscheid, konnte seine Frankfurter Zweizimmerwohnung gegen eine Dienstvilla eintauschen, bekam von Backhaus monatlich 7500 DM Gehalt plus Vertrauensspesen und wurde mit alledem rasch ein Multimillionär. Als die Ursachen für seinen plötzlichen Reichtum ruchbar wurden, erhielt er von Strauß Hausverbot und übersiedelte eilig in die Schweiz ...

Zu dieser Zeit war bereits die *»Fibag-Affäre«* zu einem öffentlichen und für Minister Strauß peinlichen Ärgernis geworden: Eine ›Finanzbau AG‹ kurz ›Fibag‹ genannt, die erst im Mai 1960 gegründet worden war, wollte Unterkünfte für US Army-Angehörige bauen, natürlich nicht auf eigene Rechnung. Fibag-Chef war ein gescheiterter Architekt, Lothar Schloß; zu seinen Mitgesellschaftern gehörte Johann Evangelist Kapfinger, der ein Viertel des Fibag-Kapitals, 500000 DM, als Gratis-Anteil bekommen sollte.

Zwar war Kapfinger kein Baufachmann, sondern Zeitungsverleger in Passau, aber auch ein Freund von Strauß. Und der stellte dann tatsächlich dem Lothar Schloß ein Empfehlungsschreiben an den US-Verteidigungsminister Gates aus, worin es hieß, *»daß die von dem Architektenbüro Schloß vorgelegte Planung hier geprüft und als brauchbar bezeichnet worden ist«*. Das kühne Projekt – es sollten immerhin etliche hundert Millionen Mark Steuergelder verbaut werden – kam zwar nie zustande, doch Strauß prozessierte noch jahrelang gegen die Verbreitung einer angeblichen Äußerung Kapfingers, ›das werde ein Bombengeschäft – nur schade, daß er die Hälfte seines Gewinns an Strauß abgeben müsse‹. Dazu Kapfinger selbst (den Strauß übrigens nie verklagte) später vor Gericht: »Es ist durchaus möglich, daß ich das ironischerweise gesagt habe.«

Die ›Fibag‹-Affäre konnte nie aufgeklärt werden, auch nicht durch einen Untersuchungsausschuß des Bundestags; Strauß versicherte unwiderlegt, er habe seinem Kollegen Gates durch eine Art Geheimcode schon im Empfehlungsschreiben signalisiert, daß es sich um ein unseriöses Geschäft handele.

Der Hauptbelastungszeuge vor dem ›Fibag‹-Untersuchungsausschuß, der Münchner ›Fibag‹-Finanzberater Hans Herrschaft, wurde – in ähnlicher Weise wie später Ernest Hauser – von Strauß bezichtigt, »in kommunistischem Auftrag« zu handeln.* Prompt nahm die Münchner Justiz Herrschaft in Untersuchungshaft. Nach 26 Tagen wurde er wieder entlassen, nachdem er sich standhaft geweigert hatte, eine vom Staatsanwalt verlangte Ehrenerklärung für Strauß abzugeben.

Zu erwähnen bleibt noch, daß die ›Fibag‹-Akten eines Tages spurlos verschwanden, als sie von Bonn aus einem Nürnberger Gericht mit der Post zugeschickt werden sollten.

* Solche Verdächtigungen scheinen eine Spezialität des Hauses Strauß zu sein: Selbst der langjährige Stellvertreter von Strauß im CSU-Präsidium, Staatsminister Franz Heubl, wurde kürzlich in einer vom Büro Strauß verbreiteten Dokumentation des Umgangs mit einem Nachrichtendienst-Mann »von der falschen Seite« bezichtigt.

Während in der ›Fibag‹-Affäre kein Steuergeld, nur Ansehen verloren ging, wurde die *›Starfighter-Affäre‹* zu einem der teuersten Abenteuer der deutschen Militärgeschichte: Um »atomare Teilhabe« bemüht, verfügte Strauß im Oktober 1958, die Bundesluftwaffe mit dem ›Starfighter‹ der US-Firma Lockheed auszurüsten. Andere Angebote wurden abgelehnt; Lockheed bekam den Zuschlag, noch ehe über Preise und Fristen auch nur Vorabsprachen getroffen worden waren.
Als die Entscheidung zugunsten Lockheeds fiel, gab es nur eine Starfighter-Version: den US-Schönwetter-Abfangjäger F 104, der den deutschen und NATO-Anforderungen nicht gewachsen war. Die F-104 mußte also umkonstruiert werden, und zwar in einen Allwetterjäger, der zugleich als Aufklärer und als Mehrzweck-Bomber (für konventionelle und Atombomben) dienen sollte. Zunächst wurden 66 Maschinen dieses völlig veränderten Typs F-104 G – G = German – bestellt, doch noch ehe auch nur ein Prototyp der höchst komplizierten neuen Version erprobt war, erhöhte Strauß den Auftrag auf insgesamt 700 Maschinen! *»Von dem Herrn Minister wurde entschieden, daß die Einhaltung der Liefertermine . . . den Vorrang hat und demgemäß auf eine Abnahme des Entwicklungsergebnisses verzichtet werden müsse,«* heißt es dazu in einem Aktenvermerk seines Ministeriums. Später stellte der Bundesrechnungshof fest, daß allein die Entwicklungskosten für die Umrüstung des Flugzeuges 340 Millionen verschlungen hatten. *»Die Beschaffung des nicht beschaffungsreifen Waffensystems hat keine Vorteile, auch nicht den erhofften Zeitgewinn gebracht«*, lautet in trockenem Amtsdeutsch das ab-

schließende, für Strauß geradezu vernichtende Urteil des Bundesrechnungshofs, der dem Minister hinsichtlich der ›Starfighter‹-Beschaffung zudem eine *»unzureichende und unzutreffende Unterrichtung des Bundestages«* vorwarf.

Die Verluste der Bundesluftwaffe durch Pannen und Unfälle mit der ›F-104 G‹ lassen sich nicht einmal schätzen. Amtlich wurden bisher lediglich 182 ›Starfighter‹-Totalverluste durch Absturz bekanntgegeben; 87 Piloten kamen dabei ums Leben. Auf der Haben-Seite stehen, zumindest für Strauß und seinen damaligen ›Spezi‹, den Lockheed-Mann Ernest F. Hauser, etliche vergnügliche Amerikareisen, deren abendliche Höhepunkte nicht selten von der Firma Lockheed finanziert worden waren.

Es ließen sich noch zahlreiche weitere Affären anführen, zumeist solche mit peinlichen, tief in das Privatleben des seinerzeitigen Verteidigungsministers Strauß hineinreichenden Begleitumständen. Doch es soll nur noch von einer politisch besonders bedeutsamen Angelegenheit die Rede sein. Zuvor aber sei erwähnt, daß Strauß selbst seine diversen Affären damit zu entschuldigen versucht hat, daß er *»es schwer habe, ein ausreichender Beurteiler und Kenner von Menschen zu sein«*. Das gegenüber Strauß sonst wahrlich nicht unnachsichtige Landgericht München kam hingegen zu einer anderen Würdigung des Franz Josef Strauß und seiner Affären. Es stellte unter dem Aktenzeichen 180680/64 bereits vor zwölf Jahren fest: *»Es kann . . . keinem Zweifel unterliegen, daß . . . ihm . . . der Geruch der Korruption anhafte.«*

Doch nun zum politisch bedeutsamsten Fehltritt des einstigen Bundesverteidigungsministers Strauß, zur *»Spiegel-Affäre«:* In der letzten Oktoberwoche 1962 stand im Bundestag eine Debatte über die zuvor vom ›Spiegel‹ aufgedeckte, vom Untersuchungsausschuß nicht völlig aufgeklärte ›Fibag-Affäre‹ auf der Tagesordnung. Minister Strauß war äußerst wütend auf das Hamburger Nachrichtenmagazin, dessen Indiskretionen ihm soviel Ärger bereiteten, und er erging sich bei lauten Tischgesprächen, deren Inhalt in Bonn sofort die Runde machten, in dunklen Andeutungen, daß gegen den ›Spiegel‹ bald *»etwas geschehen«* werde; dessen Maß sei nun voll. Anderswo in der Welt hatte man noch ernstere Probleme als Franz Josef Strauß mit dem ›Spiegel‹ und der ›Fibag‹: Es waren nämlich die Tage der Kuba-Krise, als wegen des Baues sowjetischer Raketenstellungen »an Amerikas Türschwelle«, das heißt: auf der Insel Kuba, ein dritter Weltkrieg auszubrechen drohte. Die USA hatten über die Zuckerinsel bereits die Blockade verhängt, während sowjetische Frachter mit Raketen für Kuba dem Blockadering entgegenfuhren. Ein amerikanischer Fernaufklärer vom Typ U 2 wurde von sowjetischen Raketenspezialisten über der roten Insel abgeschossen. Das politische Barometer, nicht nur in der Karibik, sondern in allen Zentren der Welt, stand auf Sturm, und jeden Augenblick konnte es zum offenen Konflikt und dann zum Atomschlag und -gegenschlag kommen, wobei die Bundesrepublik mit Sicherheit nicht verschont geblieben wäre.

In der Nacht, in der sich die Krise ihrem Höhepunkt näherte, war der Oberbefehlshaber der Bundeswehr,

Verteidigungsminister Franz Josef Strauß, zusammen mit zahlreichen anderen Politikern Gast des Bundespräsidenten auf Schloß Brühl. Nach dem übereinstimmenden Eindruck zahlreicher Teilnehmer dieses Empfangs, hatte Strauß dem Alkohol so reichlich zugesprochen, daß er nicht mehr genau wußte, was er sagte. Er äußerte sich nämlich mit sichtlicher Genugtuung über eine unmittelbar bevorstehende Aktion gegen das ihm verhaßte Nachrichtenmagazin ›Der Spiegel‹ und rühmte sich, in der ›Fibag‹-Angelegenheit bald völlig rehabilitiert zu sein.
Im weiteren Verlauf des Festes sprach sich Strauß über den SPD-Abgeordneten Gerhard Jahn, der im ›Fibag‹-Untersuchungsausschuß Zweifel an der Integrität des Verteidigungsministers geäußert hatte, folgendermaßen aus: *»So etwas müßte man eigentlich aufhängen!«* Bundestagspräsident Gerstenmaier, der diese Strauß-Worte hörte, stand daraufhin auf und verließ den Saal. Und obgleich bei der Bundeswehr schon jedem Posten der Alkoholgenuß während des Wachdienstes streng verboten ist, trank ihr Oberbefehlshaber, trotz der äußerst kritischen Weltlage, sich weiter einen Rausch an, dessen schließliche Folgen zu unappetitlich waren, als daß sie hier erwähnt sein sollen.
Einen Tag später, am 26. Oktober 1962 gegen 21 Uhr, rückten Beamte der Sicherungsgruppe Bonn unter Führung des Bundesanwalts Buback ins Hamburger ›Spiegel‹-Redaktionsbüro ein, präsentierten einen *»auch zur Nachtzeit«* gültigen Durchsuchungs- und Beschlagnahmebeschluß des Bundesgerichtshofs sowie Haftbefehle gegen ›Spiegel‹-Herausgeber Rudolf Augstein und seinen Redakteur Conrad Ahlers.

Ein von Ahlers verfaßter Artikel, »Bedingt abwehrbereit«, worin das Strauß-Konzept einer einseitig auf Atomwaffen gestützten Verteidigung kritisiert worden war, sollte wegen Verdachts des Landesverrats die Nacht- und Nebel-Aktion rechtfertigen, (obwohl sämtliche militärischen Informationen, die der Artikel bot, auch von anderen Zeitungen veröffentlicht worden waren). Die Ermittlungsbeamten durchkämmten die Redaktionsräume, das Archiv, die Telefonzentrale und alle Nebengelasse, selbst den Vorratsraum der Putzfrauen. Sie beschlagnahmten nicht nur alles, was nur entfernt an Militärisches erinnerte, sondern auch alle Archivunterlagen zu Straußaffären, insbesondere zu den Fällen *»Fibag«* und *»Onkel Aloys«*. Bundeskanzler Adenauer erklärte dazu im Bundestag: *»Meine Damen und Herren, wir haben eincn Abgrund von Landesverrat im Land!«*
Es zeigte sich indessen schon bald, daß es sich vielmehr um einen Abgrund von Rechtsverletzung und Amtsanmaßung handelte, mühsam verdeckt durch faustdicke Lügen. Und – wie es der ›Stern‹-Autor Peter Koch einmal treffend formuliert hat – *»am Rande dieses Abgrundes hing Franz Josef Strauß und versuchte krampfhaft, sich vor dem Absturz zu bewahren.«*
Wie sich dann ergab, hatte Minister Strauß – so sein Amtskollege, der damalige Innenminister Hermann Höcherl (CSU) – *»etwas außerhalb der Legalität«* gehandelt:
In einem nächtlichen Ferngespräch hatte er den Militärattaché an der Madrider Botschaft der Bundesrepublik, seinen alten ›Spezi‹ Achim Oster, veranlaßt, den auf Spanien-Urlaub weilenden ›Spiegel‹-Redakteur Conrad Ah-

lers von der spanischen Polizei festnehmen zu lassen; ein Interpol-Haftbefehl sei unterwegs. Damit sagte Strauß bewußt die Unwahrheit. Die Bundesanwaltschaft hatte ihn bereits belehrt, daß die Einschaltung von Interpol in Landesverratsfällen unzulässig und daher unterblieben sei. Doch auch wenn es einen Interpol-Haftbefehl gegeben hätte, wäre Strauß zu dessen Erwirkung und Durchführung nicht berechtigt gewesen.

Sodann hatte Strauß veranlaßt, daß der für die Bundesjustiz zuständige FDP-Minister Stammberger, der zuvor im Bundestag für eine Fortsetzung der ›Fibag‹-Untersuchung gegen Strauß gestimmt hatte, von der Aktion gegen den ›Spiegel‹ nicht informiert wurde; nur Stammbergers CDU-Staatssekretär Dr. Walter Strauß wurde notdürftig eingeweiht.

Sowohl gegenüber Achim Oster wie gegenüber Staatssekretär Dr. Strauß behauptete der Verteidigungsminister, er handle auf direkte Weisung des Bundeskanzlers Adenauer. Dieser aber bestritt entschieden, Strauß solche Instruktionen erteilt zu haben. Der Fraktionsvorstand der CDU/CSU erklärte offiziell: *»Der Bundeskanzler hat im Einzelfall keine Weisung erteilt. Dies gilt auch für die Frage der Nichtunterrichtung des Justizministers.«*

Ferner hatte Franz Josef Strauß den ›Militärischen Abschirmdienst‹ (MAD) seines Ministeriums dazu mißbraucht, die ›Spiegel‹-Redakteure überwachen zu lassen; auch vom Verlauf der Aktion gegen den ›Spiegel‹ ließ er sich vom MAD detailiert unterrichten.

Schließlich täuschte Strauß dann tagelang den Bundestag, seine Ministerkollegen und die Öffentlichkeit über seine wahre Rolle bei der Aktion. Zuerst erklärte er vor

dem Parlament: *»Ich habe mit der Sache nichts zu tun, im wahrsten Sinne des Wortes n i c h t s zu tun!«*
Später erläuterte er dem Bundestag: *»Lügen heißt, in Kenntnis der Wahrheit – also bewußt – die Unwahrheit zu sagen. Etwas Unrichtiges kann jeder sagen, der nach dem jeweiligen Stand seiner Erkenntnisse das wiedergibt, was er weiß, aber später in Einzelheiten etwas korrigieren muß.«*
Und schließlich verstieg er sich sogar zu der Behauptung: *»Ich habe nie behauptet, daß ich mit der Sache nichts zu tun hätte!«*
Damit hatte sich Franz Josef Strauß vor dem Parlament, der Weltpresse und der deutschen Öffentlichkeit als Lügner entlarvt, zudem als Hauptinitiator eines staatsstreichähnlichen, die Verfassung und die Gesetze verletzenden Unternehmens, das vor allem deshalb gescheitert war, weil – zur Überraschung der Urheber, die das nicht eingeplant hatten – die bundesdeutsche Öffentlichkeit mit fast einhelliger Empörung reagierte. Und diese sehr heftige Empörung richtete sich durchaus nicht gegen den ›Spiegel‹ und den angeblichen »Abgrund von Landesverrat« (von dem dann am Ende absolut nichts übrigblieb), sondern bis weit in die Union hinein vornehmlich gegen Franz Josef Strauß.
Es nützte auch nichts, daß Strauß-›Spezi‹ Dr. Fritz Zimmermann, selbst in mancherlei Affären verwickelt und einer Bestrafung wegen falscher eidlicher Aussage nur wegen etwas verminderter Zurechnungsfähigkeit eben noch entgangen, die Unionsparteifreunde zu beschwichtigen suchte, indem er erklärte, Strauß habe doch *»nur zum Wohle des deutschen Volkes gelogen«*; gebieterisch

forderten Presse, Parteien und Öffentlichkeit den sofortigen Rücktritt des Verteidigungsministers.
Strauß sträubte sich mit Händen und Füßen dagegen, die gebotenen Konsequenzen zu ziehen. Doch dann erklärten die FDP-Minister des Kabinetts Adenauer ihren Rücktritt; die Koalition drohte auseinanderzubrechen. Es blieb Adenauer nichts anderes übrig, als mit dem ganzen Kabinett zurückzutreten und dann ein neues, nun ohne Strauß, zu bilden.
Am 11. Dezember 1962 erhielt Strauß, der endlich an seine Grenzen gestoßen war, seine Entlassungsurkunde. Doch selbst diesen erzwungenen Abgang hat die CSU-Führung später umzudeuten versucht. In einer parteioffiziellen Werbeschrift hieß es dazu: *»Als ihm seine Feinde die parlamentarische Korrektheit bestritten, trat er zurück. Er hat seine Macht als Oberbefehlshaber nicht ins Spiel gebracht.«* Während der erste Satz dieses Zitats nur eine schönfärberische Tatsachenveränderung darstellt, bedeutet der zweite im Klartext: ›Seht, welch ein vorbildlicher Demokrat! Er hat brav seinen Hut genommen, anstatt die Bundeswehr aufmarschieren zu lassen und das Parlament davonzujagen!‹
Trotz alledem, trotz anderthalb Dutzend Affären und wiederholten Verfassungsbruchs, ist Franz Josef Strauß nach wie vor ein Spitzenpolitiker und nach Abgang von Konrad Adenauer der wichtigste Führer der Unionsparteien. Er kann nicht nur der bayerischen Staatsregierung – zumeist – seinen Willen aufzwingen, sondern in aller Regel auch der ungeliebten, weit größeren ›Schwesterpartei‹, der CDU des Helmut Kohl. Daß dies, allen bitteren und düsteren Erfahrungen mit Strauß zum Trotz, bis

heute so geblieben ist; daß er im Falle eines Wahlsiegs der Unionsparteien im Herbst 1976 auch der ›starke Mann‹ in einem Kabinett Kohl sein und über den Kanzler und alle Ministerkollegen hinweg regieren würde, ist eine kaum zu bestreitende Prognose.

Dafür, daß staatliche Macht für einen Mann wie Strauß überhaupt noch im Bereich der Möglichkeit liegt, ist indessen die Union als Ganzes ebenso verantwortlich wie die bayerischen CSU-Wähler. Was dabei die CDU betrifft, so sieht sie offenbar in Strauß den einzig geeigneten Politiker, den Unionsparteien die Wähler der äußersten Rechten, die Ultrakonservativen, Deutschnationalen und Neonazis, in Scharen zuzuführen. Denn alle wesentlichen politischen Aussagen, die Strauß in den letzten Jahren gemacht hat, waren darauf zugeschnitten, einen Rechtsruck herbeizuführen und davon selbst am meisten zu profitieren.

Unter diesem Gesichtspunkt muß man sowohl seinen steten Kampf gegen die Ostverträge und die Normalisierung der Beziehungen zur DDR sehen als auch seine am 18./19. November 1974 auf der Tagung der CSU-Landesgruppe in Sonthofen verkündeten Patentrezepte zur Verstärkung der Angst des Volkes vor Krieg, Arbeitslosigkeit und Terrorismus.

In Sonthofen erklärte Strauß u. a.: »*Zur Taktik jetzt: nur anklagen und warnen, aber keine konkreten Rezepte etwa nennen ... Wir müssen sie soweit treiben, daß sie ... den Staatsbankrott erklären müssen! ... Es muß wesentlich tiefer sinken, bis wir Aussicht haben, politisch mit unseren Vorstellungen, Warnungen, Vorschlägen gehört zu werden. Es muß also eine Art Offenbarungseid*

und ein Schock im öffentlichen Bewußtsein erfolgen. Wir können uns gar nicht wünschen, daß dies jetzt aufgefangen wird ... Und zum Terrorismus-Problem erklärte er: *»Jetzt hier in demokratischer Gemeinsamkeit zu sagen, wir Demokraten in SPD/FDP und CDU/CSU, wir halten also jetzt nun zusammen in dieser Situation, hier müssen wir den Rechtsstaat retten – das ist alles blödes Zeug! Wir müssen sagen: die SPD und FDP überlassen diesen Staat kriminellen und politischen Gangstern. Und zwischen kriminellen und politischen Gangstern ist nicht der geringste Unterschied, sie sind alle miteinander Verbrecher. Und wenn wir hinkommen und räumen so auf, daß bis zum Rest dieses Jahrhunderts von diesen Banditen keiner mehr wagt, in Deutschland das Maul aufzumachen. Selbst wenn wir es nicht ganz halten können ... Aber den Eindruck müssen wir verkörpern!«* Und im Hinblick auf den Bundestagswahlkampf 1976 sagte Strauß in Sonthofen:
»Mit der bayerischen Landespolitik ... können wir im Jahr 1976 nicht die Wende herbeiführen ... Da können wir nicht genug an allgemeiner Konfrontierung schaffen! Ich kenne ja diese Stichworte: Wir kämpfen für die Freiheit, gegen den Sozialismus ..., Da muß man die anderen immer identifizieren damit: daß sie den Sozialismus und die Unfreiheit repräsentieren ... Daß es bei den anderen eine ganze Menge von Leuten gibt, die das nicht wollen, soll uns nicht daran hindern, das hier zu sagen und unter einem Übermaß an Objektivität zu leiden ...«

Für Franz Josef Strauß war und ist Politik eine Sache der Ellbogen und der Nützlichkeit für das eigene Fortkommen. Die CSU betrachtet er als eine Art ›Firma‹, in der er es bis ganz nach oben geschafft und nun das Sagen hat. Und wenn er, wie er es einmal vor CSU-Leuten tat, kühn erklärt: *»Ich bin ein Deutschnationaler und fordere bedingungslosen Gehorsam«,* so ist die politische Ortsbestimmung austauschbar, und nur der zweite Teil des Zitats kann Dauergeltung beanspruchen.

Den ›Hier-bin-ich-Herr-im-Hause‹-Standpunkt und den rücksichtslosen Umgang mit der Macht hat Strauß gelernt von den Top-Managern und Konzernherren, denen er sich lieb Kind zu machen verstand und die er der CSU zuführte, die damit von ihm ganz systematisch zur Lobby der bundesdeutschen Industrie und des Großkapitals umgewandelt wurde. Die schauerlichen Schlagworte indessen, die anstelle von Argumenten benutzten Phrasen, etwa vom *»Ausverkauf«* deutscher Interessen durch die sozialliberale Koalition oder vom *»Verzichtskanzler«* Willy Brandt, hat Strauß stets von Leuten mit tiefbrauner Vergangenheit, beispielsweise von seinem Berater in Fragen der psychologischen Kriegsführung, Dr. Eberhardt Taubert, bezogen, und es ist kein Zufall, daß der neue Slogan, *»Freiheit oder Sozialismus«,* von dem Altnazi, Trzebinia-Direktor und Steuersparer Artur Missbach stammt.
Übrig bleibt nur noch die Feststellung: Mit *»Freiheit«* ist hier ganz offenbar eine Art *»Fibag«* und *»Onkel Aloys«*-Freiheit, eine Freiheit für staatsstreichähnliche Nacht- und Nebelaktionen wie die von 1962 gegen den ›Spiegel‹ gemeint und natürlich auch eine Freiheit für ›Vollblutunternehmer‹ wie den Marianne-Strauß-Part-

ner Konsul Dr. Fritz Ries, der im Hintergrund sitzt und sich die Hände reibt.
Bei Dr. Ries, dem ehemaligen NSDAP-Mitglied und Groß-›Arisierer‹, dem Duz-Freund von Franz Josef und Geschäftspartner von Marianne Strauß, dem Förderer von Helmut Kohl, Eberhard Taubert, Hugo Wellems und Artur Missbach, dem Korpsbruder seines Aufsichtsrats-vizepräsidenten Hanns Martin Schleyer, Gastgeber von Siegfried Zoglmann in politisch entscheidenden Stunden und dem Professor Kurt Biedenkopf fast familiär verbunden, bei diesem so vielseitig aktiven Konsul Dr. Ries würden im Fall eines Wahlsiegs der CDU/CSU nicht eben wenige Fäden zusammenlaufen; er und andere Konzernbosse seines Schlages würden uns dann die ›Freiheit‹ bescheren, die sie meinen.
Davor zu warnen und die personellen Verstrickungen derer aufzuzeigen, die ihre Politik als ›christlich‹, ›demokratisch‹ und ›sozial‹ ausgeben, ist der Sinn dieses Buches.

Hans Hübner

Portugal: Prüfstein der Demokratie?

Portugal steht seit dem 25. April 1974 im Interesse der Weltöffentlichkeit. Die internationale Presse berichtet detailliert über die dortigen Vorgänge. Was aber und wie wird berichtet? Und über was wird nicht berichtet? Der Autor liefert Informationen, nach denen es vermessen erscheinen muß, in Portugal zum jetzigen Zeitpunkt eine funktionierende parlamentarische Demokratie nach westeuropäischem Vorbild zu erwarten.

pocket 67

Günter Wallraff/Eckart Spoo

Unser Faschismus nebenan

Griechenland gestern, ein Lehrstück für morgen.
Vorwort von Helmut Gollwitzer.
Mit Beiträgen von Prof. Marios Nikolinakos, Athanasios Lengas, Karl-Heinz Hansen, MdB, Josef Weber, Gerd Kröncke, Peter Baumöller.
›Unser Faschismus nebenan‹ ist weniger ein Buch über das Griechenland von gestern als vielmehr über die Bundesrepublik von heute. Die von Günter Wallraff aus Athen mitgebrachten Berichte von Zeugen und Opfern menschlicher Verfolgungen und Torturen bilden unter anderem den Hintergrund, vor dem bundesdeutsche Zustände besichtigt werden.

pocket 56